O PODER DA AÇÃO POSITIVA

CARO LEITOR,

Queremos saber a sua opinião sobre nossos livros. Após a leitura acesse nosso site (www.editoragente.com.br), cadastre-se e contribua com sugestões, críticas e elogios.

Boa leitura!

WILLIAM WOO

O PODER DA AÇÃO POSITIVA

Gente editora

Gerente Editorial
Eduardo Viegas Meirelles Villela

Editor de Desenvolvimento de Texto
Juliana Nogueira Luiz

Editor de Produção Editorial
Rosângela de Araujo Pinheiro Barbosa

Controle de Produção
Elaine Cristina Ferreira de Lima

Preparação
Sally Tilelli

Revisão
Cissa Tilelli Holzschuh

Projeto Gráfico e Editoração
Editora Símbolo

Fotos
Shutterstock

Capa
André Gomes

Fotos de capa
Shutterstock

Impressão
Arvato do Brasil Gráfica

Rua Pedro Soares de Almeida, 114
São Paulo, SP – CEP 05029-030
Telefone: (11) 3670-2500
Site: http://www.editoragente.com.br
E-mail: gente@editoragente.com.br

Dados Internacionais de Catalogação na Publicação (CIP)
(Câmara Brasileira do Livro, SP, Brasil)

Woo, William
O poder da ação positiva / William Woo. --
São Paulo : Editora Gente, 2010.

ISBN 978-85-7312-697-6

1. Comportamento humano 2. Conduta de vida
3. Felicidade 4. Mudança de vida - Ocorrências
5. Otimismo I. Título.

10-04010 CDD-158.1

Índices para catálogo sistemático:
1. Mente positiva: Psicologia aplicada 158.1

DEDICATÓRIA

Dedico este livro ao maior patrimônio do Brasil: os brasileiros. Unidos e com ação positiva, somos a nação que vai levar a Paz ao Mundo!
Paz à gente que faz!

AGRADECIMENTOS

Agradeço aos meus pais John e Sugi, à minha querida esposa Cris e mãe da minha linda filha Maria Paula, à minha família e a todos os meus amigos. Em especial, minha profunda gratidão ao meu mentor Chang Sheng Kai (1941-2006) e a Deus que ilumina todos os dia da minha vida.

SUMÁRIO

APRESENTAÇÃO

Grandes pensadores já diziam: o pensamento positivo não resolve tudo, mas ajuda a solucionar os problemas adequadamente.

Porém, embora pensar positivamente facilite muito as coisas, seria muito ingênuo e simplista afirmar que apenas adotando essa atitude sua vida se transformará. É preciso mais. É necessário agir de modo positivo.

O pensamento positivo ajuda na solução, mas é a ação positiva que cria condições para que tudo na vida siga o melhor curso. O grande segredo está, portanto, na combinação entre pensar e agir da maneira certa – não necessariamente nessa ordem.

Como demonstra a psicologia comportamental, a ação produz resultados que irão interferir na maneira como o indivíduo perceberá a si mesmo e a sua vida.

Quando agimos positivamente, criamos bons resultados e passamos a pensar de modo positivo. Sua mente deixa de permanecer presa aos problemas e sofrimentos, e reage criando soluções.

Então, agir de maneira positiva gera pensamentos auspiciosos, o que, por sua vez, gera novas ações favoráveis. Criamos assim aquilo que podemos chamar de espiral ascendente, onde algo bom que fazemos gera expectativas. promissoras que, consequentemente, promovem atitudes ainda melhores.

Meu amigo William Woo é mestre na arte de agir positivamente. Paulistano da gema, filho de imigrantes, bacharel em Direito e em Engenharia Mecânica, seu modo sempre positivo de pensar e agir, com sua mente voltada para tudo o que há de melhor, serve a todos de exemplo. Tudo o que conquistou teve como base sua própria filosofia de ação positiva.

Neste livro, William compartilhará com o leitor, de modo simples e facilmente aplicável no dia a dia, os segredos de seu sucesso.

É com prazer que convido a todos para ler e colocar em prática todas as ideias contidas neste livro. Importante: tenha sempre em mente que, no jogo da vida, a grande cartada é agir de maneira positiva.

Por isso, mais do que simplesmente desejar a cada leitor uma boa leitura, torço para que todos adotem vorazmente uma ação positiva, pois é isso que fará toda a diferença.

Um grande abraço,

Roberto Shinyashiki
Médico e escritor

INTRODUÇÃO

Tenho observado o ser humano há muito tempo e percebido que as pessoas que mais admiro são aquelas que realizam seus projetos de vida.

Também tenho reparado, contudo, que muitas pessoas não são coerentes com suas próprias palavras. Dizem uma coisa e fazem outra.

Além disso, tenho encontrado inúmeras pessoas que expressam conceitos interessantes, mas não conseguem realizar o que propõem.

São poucos os que conseguem realmente colocar em prática suas ideias e tornar seus sonhos realidade. Esses são os verdadeiros vencedores, homens que, de fato, conseguem extrair da vida uma dose extra de felicidade e satisfação.

Mas, afinal, o que esses vencedores têm em comum?

A resposta é simples: suas ações!

Eles se dedicam a praticar ações apaixonadas e sempre comprometidas com seus projetos de vida.

É por esta razão que resolvi escrever este livro e discutir a importância da ação positiva.

Quero alertá-los, contudo, que não basta pensar positivamente. Se desejamos realmente atingir nossas metas e cumprir nossa missão existencial com louvor, é preciso agir de maneira positiva.

Gostaria de compartilhar algo que aprendi e experimentei ao longo da minha vida, e que deu certo! Algo que realmente funciona!

Quero repartir com vocês algo que ofereço diariamente a todos aqueles que fazem parte do meu cotidiano, porque reconheço todos os benefícios que já obtive ao exercitar e aplicar essas ideias em minha vida.

A essência do que digo é extremamente simples, mas ao mesmo tempo fundamental: na maioria das vezes, falar é mais fácil do que agir. Mas é a ação que fará com que as coisas aconteçam. Além disso, e ainda mais importante, agir nos faz pensar. Então, quando o fazemos de modo positivo, também passamos a pensar positivamente. O ciclo então se completa, criando uma sinergia a favor da felicidade.

Por isso, meu objetivo com esta obra é ajudá-lo a agir de modo positivo.

Essa é a maneira que encontrei de agradecer ao Universo por tudo o que tenho recebido ao longo de minha vida: a sorte, o destino feliz, o bom emprego, a capacidade de agir e pensar, os bons relacionamentos e a proteção.

E para que todos possam também conquistar tudo o que de melhor a vida lhes reserva, gostaria de oferecer-lhes minha mensagem de fé e ação positiva.

Deus abençoe a todos nós!
William Woo

SABEDORIA E PENSAMENTO POSITIVO

"Deus nos concede, a cada dia, uma página de vida nova no livro do tempo. Aquilo que colocarmos nela, corre por nossa conta".

Chico Xavier

Certamente já ouvimos falar que pessoas sábias são mais felizes. Mas, afinal o que é ter sabedoria?

Toda vez que mencionamos essa palavra, pensamos em um ancião de barbas longas e brancas que sempre tem conselhos inteligentes, nunca perde a calma e é totalmente desapegado das coisas materiais.

No fundo, essa não é a imagem que temos de nós mesmos, e, honestamente, nem a que desejamos. Temos sonhos, almejamos o sucesso, queremos viver em uma bela casa, viajar, criar uma família e, principalmente, ser amados e reconhecidos.

Então, será que não possuímos sabedoria? Será que para sermos sábios não podemos ter ambições ou sonhos?

Na verdade, podemos de fato ter o melhor dos dois mundos se os nossos pensamentos e ações forem positivos.

Aprendi ao longo dos anos que a verdadeira felicidade é a habilidade de viver plenamente nossa vida, de correr atrás dos nossos sonhos, de nos realizarmos, sem jamais machucar os outros ou a nós mesmos. A felicidade está em contribuir para um bem maior: no sentimento de ajudar e auxiliar a sociedade. Sabedoria é, portanto, a arte de ser e fazer os outros felizes.

E qual a relação entre sabedoria e uma visão positiva da vida? Tudo!

Quando estamos vivenciando alguma dificuldade, pensamentos ruins invadem nossa mente e despertam nosso lado negativo. Podemos ficar paralisados, ou até mesmo tomar atitudes que pioram ainda mais a situação.

Com sabedoria, nosso olhar muda. Sabemos que a vida é uma grande escola e que tudo é passageiro. Aceitamos as dificuldades, não nos apegamos ao sofrimento, agimos e pensamos positivamente e, desse modo, nossa mente acaba encontrando soluções. Pessoas de bem com a vida são mais produtivas e obtêm muito mais sucesso.

AJA POSITIVAMENTE E BRILHE MAIS

"Estou sempre alegre e essa é a melhor maneira de resolver os problemas da vida".

Charles Chaplin

Você pode estar se perguntando: como agir e pensar positivamente, se ainda existem fome e miséria no mundo? Se o salário é insuficiente para cobrir as despesas mensais? Se estamos cercados pelos mais variados problemas?

É fácil dizer que devemos agir e pensar positivamente, pois, desse modo, nossa vida se transformará. Para alguns, essa ideia pode parecer ingênua ou alienante, diante de todos os problemas pessoais, sociais e econômicos que afligem a nossa vida e o nosso planeta. Porém, ao contrário desse raciocínio simplista e descrente, agir e pensar positivamente faz uma grande diferença. A mente que opera em sintonia com a vida não permanece refém de problemas e sofrimentos. Ela se sente desconfortável frente a tais provocações e reage criando soluções.

Agora você provavelmente perguntará: mas, afinal de contas, o que é agir e pensar positivamente? Esse hábito pode ser adquirido ou simplesmente nascemos com ele?

Agir e pensar positivamente é reconhecer que todas as situações à nossa volta são oportunidades para o nosso desenvolvimento pessoal. É saber que, por mais difícil que seja o problema que estivermos enfrentando, existe nele um aprendizado e um benefício. É perceber que o conhecimento adquirido não nos pode ser furtado.

Quando percebemos que situações de provação nos servem como um tipo de treinamento para a nossa paciência – do mesmo modo como as doenças representam sinais de que precisamos cuidar mais do nosso corpo –, o sofrimento desnecessário cessa.

Agir e pensar de modo mais construtivo e esperançoso é uma decisão consciente. É uma filosofia de vida que gera ações positivas. Quem age assim conquista tudo o que há de melhor na vida: o sucesso, a prosperidade, a paz, os amigos e o amor.

A verdadeira ação começa com a tomada de consciência dos fatos. Agir positivamente é, na verdade, acionar todos os nossos recursos de modo que, em qualquer situação, utilizemos corretamente as palavras e adotemos atitudes sábias. Ou seja, é agir e pensar com sabedoria.

Parece difícil, mas não é. Tampouco é fácil. É uma decisão de vida. É um caminho que, a despeito dos obstáculos e desvios, vale muito a pena. Com perseverança e treinamento, ele lhe proporciona o maior presente de sua vida: a autoconfiança.

Muitos segredos sobre o pensamento positivo já foram ensinados. A maior parte deles se baseia no poder da mente, e considero todos muito válidos. Pode ser que você já tenha até mesmo lido sobre alguns deles, e que em algum momento eu possa até parecer repetitivo. Mas é importante entender que é a ação que leva a esse poder.

O maior objetivo deste livro é criar uma ponte crível para esse caminho. Não adiantaria eu apenas dizer "acorde agora e pense somente em coisas boas; comece a ver flores em sua vida." Pode ser que neste momento sua vida não seja um mar de rosas e, neste caso, será difícil pensar de modo positivo. Minha mensagem é: aja positivamente e seus pensamentos acompanharão suas ações!

Muitas vezes não conseguimos controlar os nossos pensamentos, mas controlar nossas ações é muito mais fácil.

O objetivo é o mesmo, mas o caminho é diferente: a repetição da ação positiva tornará natural o pensamento positivo. O melhor de tudo é que estas ações vão gerar uma energia poderosa que transformará sua vida para melhor.

Trabalhemos juntos, passo a passo e por meio de ações, no sentido de mudar o nosso padrão de emoções e pensamentos.

Se você está lendo este livro é porque deseja ser mais feliz e alcançar mais sucesso. Sem dúvida, você pode e merece! E eu vou lhe mostrar como.

VOCÊ AGE DE MODO POSITIVO OU NEGATIVO?

"Um pessimista vê uma dificuldade em cada oportunidade; um otimista vê uma oportunidade em cada dificuldade".

Sir Winston Churchill, estadista britânico

Identificar qual é o seu principal padrão de pensamento é o primeiro passo para começar a agir e pensar positivamente e alcançar mais sabedoria.

Muitas vezes fazemos um julgamento equivocado sobre nós mesmos. O reconhecimento do nosso comportamento é nosso maior aliado nesta transformação. Uma pergunta bem popular mostra-se bastante útil para descobrirmos se agimos ou pensamos positivamente, ou não: "se você observar um copo com água pela metade, você diria que ele está meio cheio ou meio vazio?"

Pessoas que enxergam o copo meio cheio sempre têm uma visão otimista dos seus problemas. Não são super-heróis que não se abalam com nada. Pelo contrário, sentem-se balançadas quando enfrentam alguma dificuldade. mas rapidamente reagem e começam a procurar soluções. Sentem-se ricas, independentemente da sua situação financeira. Sabem ser felizes com as coisas mais simples e transformam grandes dificuldades em aprendizado. Procuram soluções e não problemas.

Pessoas que enxergam o copo meio vazio sempre transformam pequenos problemas em tragédias; comemoram pouco as vitórias e têm baixa autoestima. Dificilmente reconhecem que são negativas, ou que são os culpados por suas próprias desilusões – os responsáveis são sempre os outros ou as situações da vida. Vivem dizendo: se eu tivesse tempo, se eu fosse jovem, se eu tivesse dinheiro... E assim a vida vai passando.

No final de 2008 muitas empresas brasileiras passaram por momentos difíceis por causa da crise mundial. Alguns empresários estão reclamando até hoje e usando a tal crise como desculpa (e ela até já passou); outros, arregaçaram as mangas e mudaram sua gestão, reduzindo gastos e criando novas oportunidades.

Na época, dois amigos meus ficaram desempregados. Já estamos em 2010 e um deles continua dizendo que nunca mais vai conseguir um emprego tão bom; o outro aproveitou a crise, mudou de área e hoje diz com alegria que a sua demissão foi o maior presente em sua carreira profissional.

Quem age positivamente não gasta seu tempo reclamando das pessoas e das situações, mas investe sua energia em construir. Desse modo, vai desenvolvendo uma mente positiva.

Ações construtivas colaboram para isso. Uma mente com tal qualidade cria padrões favoráveis e desejáveis, em vários aspectos da sua vida.

Pessoas positivas alcançam mais sucesso na vida pessoal e profissional. Quem gosta de estar ao lado de alguém que só sabe reclamar e ver os defeitos das pessoas? Quem se sente bem com pessoas que não têm fé no futuro e não confiam em ninguém? Agora, que tipo de pessoa você é. Responda às seguintes questões – você:

- costuma reclamar ou agradecer mais?
- presta mais atenção nos defeitos ou nas qualidades?
- sente-se injustiçado ou valorizado no seu trabalho?
- sente-se amado ou abandonado?
- acredita em uma força maior ou é totalmente cético?
- acha que as pessoas estão evoluindo ou regredindo?
- tem facilidade em perdoar e em confiar?
- costuma ficar se comparando aos outros?
- tem sonhos, ou a vida o está levando aleatoriamente?

Nosso mundo precisa de ações e mentes positivas. É daí que vêm a nossa esperança e a nossa fé. Sem a primeira não acreditamos em um amanhã melhor. Sem a última, não temos forças para agir e mudar o que precisa ser mudado.

As grandes transformações do mundo foram feitas por mentes positivas: Jesus, Buda, Gandhi, entre outros. As grandes destruições no mundo foram realizadas por mentes negativas que perderam a fé na humanidade: Hitler, Stalin, Idi Amin Dada.

Tenha coragem e inicie essa transformação em você: comece agindo de modo positivo. Seu pensamento se transformará, assim como sua vida.

AÇÕES POSITIVAS PARA VOCÊ SER MAIS FELIZ

"Não peça a Deus para guiar seus passos se você não está disposto a mover seus pés".

Sabedoria popular

Escolhi algumas ações fáceis e práticas para você adotar em sua vida. Separei-as em diversas áreas fundamentais, para que sejam aplicadas e lhe proporcionem um sucesso verdadeiro em bem pouco tempo.

Minha sugestão é que você pratique todas elas de maneira organizada. Em algumas áreas de sua vida você será mais bem-sucedido, em outras, terá mais dificuldade. Ao ler as ações sugeridas, verifique as áreas onde a sua atuação é pior e reflita sobre isso. Com certeza, elas demandarão um cuidado maior. A harmonia é fundamental. Devemos cuidar e nos dedicar a cada parte de nossas vidas, pois uma única delas que não for atendida afetará todo o conjunto.

Somos seres complexos, dotados de corpo, mente, espírito e emoções. Além disso, sofremos influência da nossa educação, dos nossos relacionamentos, do nosso estilo de vida e até do clima. Por isso, precisamos cuidar de todas as áreas que envolvem nossas vidas. De que adianta sermos excelentes chefes de família se ignoramos as necessidades da sociedade? De que adianta sermos defensores do planeta se tratamos mal as pessoas à nossa volta?

Somos o resultado das nossas ações e pensamentos. Portanto, devemos agir e pensar positivamente.

O mais importante é começar. Se você já estiver praticando mais da metade das ações sugeridas, com certeza sua vida já apresenta boa qualidade. Quanto mais atitudes positivas houver em nossa rotina, mais sucesso alcançaremos em nossas vidas. O melhor de tudo é que o sucesso beneficia a nós mesmos, a quem está à nossa volta, à família e a toda a sociedade.

Sem ação não há mudança. E o mais importante: só você tem nas mãos o poder de mudar a sua vida. Então, mãos à obra. Aja de maneira positiva e os pensamentos positivos se farão presentes!

I
CONSTRUA A MATURIDADE E A SABEDORIA

"Dominar a si próprio é uma vitória maior do que vencer milhares em uma batalha."

Sakyamuni[1]

Considerando que nossas ações derivam de um conjunto de informações, o equilíbrio de nossas vidas depende muito da harmonia entre nossos pensamentos e emoções. Contudo, quando não há sintonia, muitas vezes mostramo-nos incoerentes, e nossas ações perdem força ou tornam-se negativas. Mas é a mente que alimenta as emoções, ou ocorre o contrário?

Independentemente da explicação científica sobre a ordem dos acontecimentos, sofremos quando não alcançamos uma unidade nestes dois aspectos da nossa vida.

1. Também conhecido como Sidarta Gautama, ou o supremo Buda de nossa era. (N.E.)

Ficamos paralisados, ou simplesmente violentamos uma das partes – a mente ou a emoção.

Chamamos de racionais as pessoas que controlam suas emoções, e de emocionais aquelas que nunca pensam antes de falar ou tomar decisões. Se estes dois aspectos da nossa vida estão sempre em conflito, é urgente que tomemos consciência disso, pois, do contrário, quem acabará sofrendo com as consequências seremos nós mesmos, além dos que estão à nossa volta.

Mais uma vez, o equilíbrio é a chave e, ao mesmo tempo, a solução. É aí que se encontra a sabedoria construída com base na maturidade da mente e da alma. Tal maturidade é obtida a partir de sucessivas ações positivas, conscientes e deliberadas. Atos que tornam os pensamentos mais construtivos e esperançosos, e proporcionam a harmonia das emoções e a clareza de raciocínio.

Somos um conjunto de partes distintas, e até mesmo contraditórias, que habitam o mesmo corpo. Por isso somos tão complexos e especiais, e precisamos aprender a nos equilibrar.

As emoções negativas tornam-se nosso maior problema, e é quase impossível que um dia inteiro transcorra sem que elas permeiem nossa mente. A raiva, a inveja, o ciúme, a preguiça, a ansiedade, a culpa, o desprezo e todas suas variáveis afetam a nossa positividade e o nosso dia a dia. Emoções negativas roubam a nossa vida, assim como o nosso poder pessoal. Ao sermos tomados por tais sentimentos, tornamo-nos inconscientes da nossa felicidade, e passamos a alimentar um círculo vicioso de sofrimento.

Herdamos essas emoções negativas dos nossos pais e de nossa educação, e, às vezes, nos esquecemos que não somos simplesmente um conjunto de tais sentimentos.

Quando justificamos nossas emoções negativas, damos a elas espaço e autorização para que permaneçam em nós. É muito importante saber que quando não as alimentamos, elas morrem.

Portanto, caminhamos em direção à cura quando nos tornamos capazes de identificar a negatividade e tomamos a decisão de eliminá-la, recusando-nos a propor justificativas. Abandonamos o papel de vítima e assumimos a responsabilidade por nossas vidas, com objetividade, disciplina e decisão.

A ação positiva neste caso é: combater as emoções negativas, agindo deliberadamente de modo positivo.

1 - Conheça de perto as suas qualidades e os seus defeitos

O caminho mais sábio é nos concentrarmos nas qualidades que anulam os nossos defeitos.

São poucos os que conseguem observar a si mesmos de modo criterioso, mas este é um passo fundamental para que iniciemos nossa jornada rumo a uma transformação positiva. O autoconhecimento é o princípio de tudo.

Comece escrevendo em um papel suas maiores qualidades e seus piores defeitos. Escolha no máximo 3 de cada, pois as demais características serão provavelmente desdobramentos das nossas virtudes e imperfeições.

Leia com atenção seus atributos positivos e veja como está cuidando deles atualmente. Por exemplo, se você escolheu generosidade como uma de suas três qualidades, reflita como tem atuado no seu dia a dia: você tem sido generoso consigo e com as outras pessoas? Repita o processo para as suas outras qualidades.

Agora vamos aos defeitos. Observe-os e verifique como tem se portado em relação a eles em seu cotidiano. Por exemplo, digamos que tenha notado que as explosões de raiva têm sido um dos seus grandes defeitos – aproveite este momento para analisar suas atitudes nos últimos dias. Veja as consequências de seus pensamentos e atos. Anote tudo.

Depois disso, faça um X sobre a palavra negativa, substituindo-a por outra positiva que anule este seu defeito. Sendo mais claro, se a explosão de raiva surge da falta de paciência, risque o termo "impaciência" e anote o antônimo. Simplesmente decida ser mais paciente. Se, por outro lado, seu momento de fúria vem da sensação de ser desrespeitado, substitua a palavra negativa "desrespeitado" por "respeitado" e aprimore seu poder pessoal.

O grande segredo da mente positiva é não se concentrar nos defeitos (é claro que isso não significa manter-se inconsciente de sua existência). O caminho mais sábio a seguir é anular nossos defeitos, focando nas qualidades que os sobrepujem e os anulem. Aja positivamente!

2 - Tente agir de modo diferente todos os dias

A vida deixa de ter significado quando passamos a viver tudo de maneira automática, sem desfrutar de cada momento.

O maior problema das nossas vidas é que esquecemos que estamos vivos, e muitas vezes vivemos como se fôssemos robôs. Não percebemos mais as cores, os detalhes e a beleza à nossa volta. Andamos de cabeça baixa e, se nos perguntarem que roupa usamos no dia anterior, ou até o que comemos, teremos dificuldade para lembrar.

Os dias passam, as semanas voam e quando percebemos o ano acabou. Em nossa memória ficam registrados apenas os momentos mais marcantes, sejam bons ou ruins. Não prestamos atenção à vida e, consequentemente, não vivemos plenamente.

A vida deixa de ter significado quando passamos a viver de maneira automática, sem desfrutar de cada momento. Tudo perde o sentido e deixamos de colocar energia e sentimento no que fazemos. Não desfrutamos e não amamos. Não sofremos nem crescemos. Por isso, é muito importante mudar nosso padrão de ações e pensamentos, e sair da rotina.

Faça algo diferente todos os dias. Tente um novo corte de cabelo ou uma nova roupa. Experimente uma comida que nunca tenha provado, fale com alguém com quem jamais tenha conversado, visite um lugar em que nunca esteve, ou simplesmente ande do outro lado da calçada. Volte para casa por um caminho diferente. Faça conscientemente algo que não seja parte de sua rotina. Anote tudo isso em um caderno pessoal, e, no final de cada semana, releia o que escreveu. Você se surpreenderá ao perceber como sua vida está se tornando muito mais interessante, rica e especial.

Portanto, a ação positiva é: viva a sua vida intensamente. Saia da rotina. Faça coisas diferentes para dar à sua vida um colorido maior.

Peça perdão e saiba perdoar

Não adie mais aquele pedido de desculpas ou perdão que traz anotado em sua agenda emocional. Essas pendências drenam a nossa energia positiva.

Uma atitude simples e que pode ser tomada pessoalmente, pelo telefone, por e-mail, e até mesmo por um torpedo, conforme o caso, pode representar um grande alívio no estresse. Se você tem receio de ser mal interpretado ou rejeitado com seu pedido, use o e-mail, escreva uma carta ou envie um bilhete. Mas se você acha necessário ouvir também a outra parte, agende um encontro ou faça-o por telefone.

Se a situação é oposta, isto é, se você não perdoou alguém que o feriu, há duas opções: se não vale a pena manter relações com essa pessoa, perdoe-a intimamente e depois risque-a de sua agenda; naturalmente ela deixará de fazer parte do seu dia a dia e das suas emoções. Porém, se a pessoa que o ofendeu é parte importante de sua vida, existe ainda mais uma razão para perdoá-la: somente assim vocês poderão retomar a boa convivência e desfrutar juntos das coisas boas que a vida lhes reserva.

Quando perdoamos, criamos espaço para emoções positivas e, ao mesmo tempo, deixamos de alimentar as negativas. Pedir perdão, assim como perdoar, é vencer o orgulho e o medo e ir além daquilo que pensamos ser capazes. Esta é uma ação 100% positiva.

Aprenda a usar bem o poder das palavras

Falar é uma ação extremamente poderosa. Por meio da palavra elegemos nossos líderes, divulgamos nossas ideias, obtemos reconhecimento e fazemos amigos ou inimigos.

A palavra tem força e segue a lei natural da ação e reação, ou seja, a de que colhemos aquilo que plantamos; tudo o que dizemos provoca um efeito em quem ouve e acaba refletindo novamente em nós mesmos.

As palavras têm o poder de atrair ou repelir as pessoas, construir ou destruir relacionamentos, criar situações agradáveis ou desagradáveis.

Outra questão muito importante em relação às palavras é a quantidade delas que usamos por dia. Muitas vezes desperdiçamos nosso precioso tempo dizendo ou ouvindo bobagens. Outras vezes, deixamos de nos comunicar e perdemos grandes oportunidades em nossas vidas.

Você fala mais do que deveria ou menos do que seria conveniente? Se você costuma falar mais do que deve, controle sua vontade de se expressar, pense mais antes de falar. Se, em contrapartida, não costuma se expressar, também não conseguirá se destacar. Neste caso, na próxima oportunidade, diga o que está em sua mente: vença o medo e a timidez e comunique-se.

Nesta situação, a ação positiva é: tome consciência daquilo que deve ser dito, escolha corretamente as palavras e comunique-se na medida certa. Procure falar o que é necessário e se expressar de modo que suas palavras promovam paz e entendimento.

Perceba que todos temos um lado positivo

São raras as pessoas que focam nas qualidades dos indivíduos. É mais comum procurar defeitos.

Na maioria das vezes, e por medo, olhamos para o lado negativo das pessoas. Vivemos ainda como animais em estado de alerta, apavorados com a ideia de sermos feridos, abandonados, usurpados, usados etc. Não baixamos a guarda por receio de sermos agredidos.

Se prestarmos atenção, veremos que muitas das negatividades do ser humano ocorrem devido ao medo. Os gananciosos, por exemplo, podem ser vistos como pessoas com medo de enfrentar perdas materiais, enquanto os agressivos vivem na defensiva.

Com esta nova visão, podemos ser mais compassivos com os outros e perdoar com mais facilidade. Podemos aprender a procurar o lado positivo, o lado bom.

Ação positiva: veja os outros com bons olhos. Parta sempre do pressuposto que todos têm algo de positivo. Essa é a melhor maneira de cultivar bons relacionamentos. A paz começa dentro de nós mesmos.

Agir de maneira diferente também tem a ver com vencer nossos preconceitos

Nossos preconceitos estão vinculados à educação que tivemos e também aos nossos medos. Tudo começa na infância e carregamos esse mal por toda a vida, até que decidamos mudar esta situação.

É devido aos preconceitos que ódios e guerras ganham força. Pessoas evitam ou até mesmo hostilizam outras, sem nenhum motivo e, desse modo, a negatividade vence a positividade.

A etimologia da própria palavra já explica: preconceito é um "conceito prévio". Trata-se de um julgamento preconcebido sobre algo ou alguém que não conhecemos bem o suficiente.

A ação que derruba os preconceitos começa sempre pela tomada de consciência. Contudo, essa é justamente a parte mais difícil, já que poucos assumem o fato de serem preconceituosos.

A ação positiva, neste caso, é conhecer mais sobre as pessoas e as situações contra as quais se tem algum tipo de reserva, ou algum tipo de pensamento preconceituoso.

Busque saber mais sobre as questões que geram em você algum tipo de preconceito. Veja a diversidade com bons olhos, amplie seus horizontes de valores e busque sempre o lado positivo das pessoas. Você verá que seus receios deixarão de existir e que seus pensamentos ficarão repletos de maior liberdade.

Pessoas livres de preconceitos são mais criativas, mais felizes e mais bem-sucedidas.

3 - Torne-se responsável por sua vida

Precisamos mudar nossa atitude com urgência e assumir a responsabilidade por tudo o que nos acontece.

Qual é a grande diferença entre os que brilham e os fracassados que estão sempre reclamando da vida? A resposta é o papel de vítima que estes últimos costumam assumir.

Muitas vezes, por causa da nossa educação e dos exemplos familiares na infância, criamos a ilusão de que assumir o papel de "coitadinho" é uma maneira de sobreviver na vida. Testemunhamos as atitudes de nossos pais e avós, geralmente reclamando de tudo e de todos, e acabamos incutindo em nossa mente que somos impotentes diante dos problemas na vida, e que os culpados pelas nossas desgraças são sempre os outros.

Quando crescemos, praticamente sem perceber, passamos a imitar esse papel e a agir como vítimas diante do mundo. Começamos a responsabilizar os outros, ou as circunstâncias, pelo nosso insucesso ou por nossas tristezas. Lembre-se de que mesmo pessoas aparentemente fortes, que enfrentam situações difíceis podem agir dessa maneira.

Agindo como vítimas, nossa mente se mantém na defensiva. Mas o sucesso e a felicidade necessitam de ação – ação 100% positiva. Por isso, precisamos mudar com urgência e nos tornarmos responsáveis por tudo o que nos acontece.

Portanto, a ação positiva neste caso é começar a perceber imediatamente se esse padrão faz parte da sua vida. Converse com alguém muito próximo e compartilhe com ele essa dúvida. Peça-lhe ajuda para identificar cada vez que você assumir tal papel. Depois, aja de modo assertivo: assuma a responsabilidade pelos seus atos e pela sua vida. Livre-se de vez da postura de vítima.

4 - Elimine o estresse de sua vida

Comece agora mesmo a exercitar um novo padrão de pensamento: passe a valorizar as boas notícias e a minimizar as dificuldades.

Não faça tempestade em copo d'água, viva em contato com a natureza e adote um ritmo de vida mais suave.

Você já percebeu que a maior parte das pessoas sente mais o impacto das notícias e situações ruins, e se esquece de comemorar as boas? Passar um dia sem nenhum incidente torna-se banal, assim como sentir-se devidamente alimentado e ser o dono de uma cama confortável para dormir. Mas se em um dia, até então normal, acontece uma desgraça, o transformamos em um verdadeiro evento.

Esse é um dos maiores problemas da mente humana: transformar pequenas dificuldades em grandes problemas (fazer a famosa tempestade em copo de água).

O interessante é que podemos enxergar claramente esse problema no outro, mas quando estamos envolvidos não percebemos que agimos do mesmo modo.

Precisamos agir imediatamente no sentido de mudar esse comportamento. Comecemos a exercitar um novo padrão de pensamento: passemos a valorizar as boas notícias e a minimizar as dificuldades. Agindo dessa maneira, os problemas se tornarão realmente pequenos e fáceis de ser solucionados.

5 - Partilhe a sabedoria adquirida

Seja generoso e compartilhe o que aprendeu com quem ainda não conseguiu dar o primeiro passo rumo à felicidade.

Lembre-se de que, embora sejam realmente suas, todas as conquistas, assim como as experiências que acumulou, poderão ser usadas para ilustrar os sonhos de outros que estejam vivendo hoje situações semelhantes às que você vivenciou anteriormente. Portanto, divida a bênção da sabedoria adquirida com tantos quantos lhe for possível.

Seja generoso e compartilhe o que aprendeu com quem ainda não conseguiu dar o primeiro passo rumo à felicidade.

Somos todos humanos, logo, somos iguais naquilo em que podemos ajudar ou em que precisamos de ajuda durante nossa caminhada.

Contribua para que o ambiente seja repleto de celebrações, no qual sempre haja pessoas com as quais se possa comemorar uma vitória, mesmo que pequena – afinal, tais vitórias ora serão pessoais, ora pertencerão àqueles a quem estendemos a mão.

Dessa maneira, o número de vitórias crescerá, e cada comemoração fará mais sentido e terá muito mais sabor.

II
BUSQUE A FELICIDADE PROFISSIONAL

"Uma pessoa feliz vai conseguir realizar suas metas profissionais e atingir seus objetivos. E isso a tornará ainda mais feliz".

Roberto Shinyashiki, médico e escritor brasileiro

Passamos grande parte de nossas vidas trabalhando. Nos dias úteis, desde a hora que acordamos até chegarmos em casa após uma longa jornada, investimos mais de 50% do tempo que passamos acordados no trabalho. Por isso, esta é uma das áreas mais importantes da nossa vida.

O trabalho é o maior responsável pela evolução do mundo. É também o que nos traz a segurança financeira e o sucesso pessoal. Na história da humanidade, é por meio do trabalho que as pessoas prosperam.

1 - Cada um no seu quadrado

Fazer o que gosta e no lugar certo é a grande chave do sucesso. O entusiasmo e o prazer no trabalho constituem o grande segredo para obter bons resultados.

Você sabe em que quadrado está?

Para responder a esta pergunta, primeiro é muito importante que você reflita sobre algumas questões:

- você gosta do que faz?
- gosta do seu ambiente de trabalho?
- está satisfeito com os seus resultados?
- o que mudou em sua vida desde que aceitou este emprego?
- você é do tipo que está sempre insatisfeito?

Como dito anteriormente, fazer o que se gosta e no lugar certo é a grande chave do sucesso. Você já conheceu alguém bem-sucedido que não gosta do que faz e está sempre reclamando do seu trabalho? O entusiasmo e o prazer no trabalho são os grandes segredos para se obter bons resultados.

Se você quer fazer parte do time de criação em uma agência publicitária, mas está na área financeira, por exemplo, a ação positiva é, caso você ainda não domine a área criativa, inscrever-se em cursos que possam ajudá-lo nessa área. Porém, se você já possui experiência neste campo, a ação positiva é reunir coragem e pedir uma oportunidade ao seu superior.

Se você não gosta do seu ambiente de trabalho, é preciso compreender que nada é perfeito e que sempre é preciso aceitar algumas condições que não se pode mudar. Isso faz parte da vida. No entanto, a ação positiva, neste caso, é mudar as coisas que estão ao seu alcance, para tornar o ambiente mais agradável e harmonioso. Foque nas qualidades dos seus colegas e nos pontos bons que existem naquele ambiente, e organize-se para melhorá-lo onde puder.

Contudo, se a empresa em que trabalha o obriga a tomar decisões e praticar ações que são contra os seus princípios, a ação positiva é, sem dúvida, procurar outro emprego.

Se não está feliz com os seus resultados, não culpe ninguém. A ação positiva é dedicar-se mais, focar mais nos seus objetivos.

Se está infeliz porque ganha pouco e, por isso mesmo, produz pouco, pare de usar a desculpa de que o seu baixo salário justifica o seu desinteresse. A ação positiva é procurar evoluir em termos de conhecimento e experiência, tornando-se um profissional que mereça ganhar mais.

Agora, se você é do tipo que está sempre insatisfeito, a resposta já está dada: comece a agir deliberadamente de modo positivo, nas mínimas coisas, e passe a pensar de maneira construtiva!

E então? Você sabe dizer se está mesmo no seu quadrado? Ou será que está no quadrado errado? Definir essa questão é muito importante. A partir daí você poderá planejar, com inteligência, as mudanças necessárias, e buscar realizar seus sonhos.

Planeje sua mudança, crie uma ponte segura e arrisque. O frio na barriga é muitas vezes o nosso maior aliado para o crescimento pessoal.

2 - Toda hora é hora de agir. Mas da maneira correta

Torne a iniciativa um hábito, ensine esse caminho para a sua mente.

Ação positiva! Em seu trabalho você sempre será medido pelos seus resultados. Seja proativo. Indivíduos com tal característica escrevem o seu próprio destino e tornam-se responsáveis por suas vidas. É preciso ter iniciativa.

Mas o que é iniciativa? É a atitude de propor algo novo, ter ideias, fazer mais do que o banal. Ter iniciativa é não esperar alguém mandar você fazer, e, sim, tomar a dianteira. É antecipar e surpreender seu chefe com inteligência e de acordo com a estratégia da empresa.

Iniciativa é sempre uma ação que beneficia você e a instituição. Esta característica é uma das mais valorizadas pelos empregadores. Mas não se esqueça que iniciativa sem planejamento e desprovida de conclusão não passa de uma ideia vazia.

Transforme a iniciativa em um hábito, ensine esse caminho à sua mente. Todos os dias, tome uma iniciativa, por menor que seja, e dê sequência aos planos que traçar a partir dela.

De grão em grão a galinha enche o papo

Muitas vezes terminamos o dia esgotados. Corremos de um lado para outro e não conseguimos concluir nada com qualidade.

Saiba que, por mais que seu cérebro seja privilegiado, o excesso de informações e adrenalina podem conduzi-lo a tomar decisões erradas. E tomar uma decisão errada é pior do que adiar a decisão, pois, para se desfazer o errado, muita energia terá de ser desperdiçada.

Para evitar o caos, procure fazer tudo o que começar até o fim. E faça uma coisa de cada vez.

Muitas pessoas costumam fazer diversas tarefas ao mesmo tempo, este hábito, além de causar mais estresse, aumenta o risco de erros e diminui a eficiência, já que interfere na habilidade de processar informações.

Se você tiver cinco importantes tarefas para realizar e fizer um pouco de cada uma delas todos os dias, ao chegar ao quinto dia, é possível que todas estejam quase acabadas; mas nenhuma estará finalizada. Se, em contrapartida, dedicar-se a uma tarefa por dia e terminá-la, no final do quinto dia terá as cinco devidamente concluídas.

Concentre-se no que estiver fazendo e não se disperse com outras atribuições. A prática do "apagar incêndios" é a pior gestão profissional.

Dê atenção às prioridades

Há não muito tempo, a informação era a moeda mais preciosa no trabalho. Hoje, devido à globalização, e com o apoio da web, a informação tornou-se abundante e acessível. O que nos falta é tempo.

No trabalho, a boa utilização do tempo é fundamental. Celulares e várias outras facilidades desviam nossa atenção e nos fazem desperdiçá-lo. Por isso, defina prioridades. Organize e planeje seu dia de acordo com a importância das tarefas e os prazos estabelecidos. Mantenha uma visão geral e defina o que deve ser feito primeiro.

A não eleição de prioridades é motivo de muitos insucessos profissionais. Portanto, ação positiva já! Planeje e defina as prioridades.

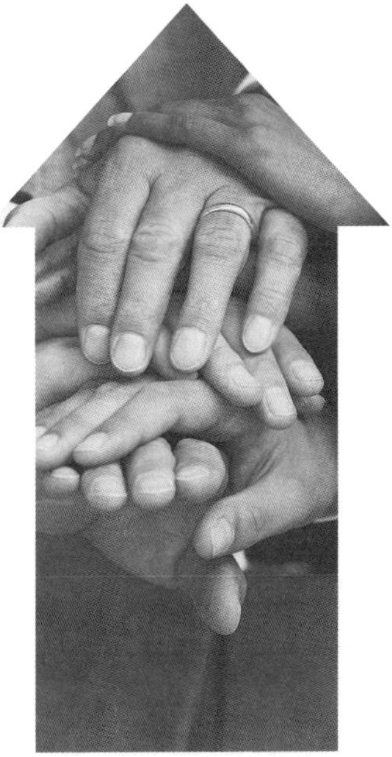

3 - Tenha atitudes corretas

Ninguém vai muito longe sozinho. Bons relacionamentos são o segredo para se conseguir aquela sinergia que faz com que cada esforço se multiplique e que todos atinjam melhores resultados.

Cuide melhor das pessoas à sua volta. Isso é possível por meio de atitudes corretas e respeitosas em relação a elas. Tais atitudes fazem com que os indivíduos mostrem-se mais dispostos a unir forças com você, formando uma sinergia em que todos ganham.

Descubra algo importante: "eu" + "você" = bem mais do que "nós"

Ninguém vai muito longe sozinho. Bons relacionamentos são o segredo para se conseguir aquela sinergia que faz com que cada esforço se multiplique e que todos atinjam melhores resultados.

Comece com uma ação muito simples: diga um sincero bom-dia a todos no ambiente de trabalho. Um bom-dia verdadeiro, e não automático, é sempre muito empático e acaba gerando positividade. Cumprimente a todos, com honestidade e calor. Você dará um excelente exemplo e promoverá excelentes resultados.

A ciência já comprovou que manter uma boa relação com os colegas ajuda a manter o estresse no trabalho em um nível baixo e controlável. Saia para almoçar com seus amigos, ou convide-os para um *happy hour* após o expediente. Participe dos eventos da empresa, da troca de presentes com o amigo-oculto e das festas coletivas.

Esta ação positiva é simples, prazerosa e muito eficaz.

Assuma os seus erros, aja sempre no sentido de fazer o certo

Da próxima vez que você for cobrado em relação a algo sob sua responsabilidade mas que não fez, não se justifique!

Quando recebemos uma crítica ou bronca de um superior ou colega de trabalho, a primeira reação do cérebro é se justificar. Por meio da justificativa a nossa mente encontra um lugar confortável para estacionar. É isso que queremos?

O nosso trabalho é uma grande oportunidade de aprendizado e evolução, tanto profissional quanto pessoal. Quando nos justificamos, criamos uma barreira que nos impede de ouvir e aprender. Os motivos pelos quais erramos, por mais justos que sejam, não mudarão o resultado insatisfatório. Qualquer empresa precisa sempre de bons resultados.

O mundo se divide entre os que se justificam e os que alcançam sucesso. Sendo assim, troque as justificativas por ações positivas e eficientes.

Não desperdice tempo com fofocas

Fofocar e pôr mais "lenha na fogueira" pode parecer tentador, principalmente quando a vítima for alguém que já lhe causou problemas.

A fofoca é um dos piores males dentro de uma corporação. Na realidade, o mito de que as mulheres são mais fofoqueiras que os homens já foi quebrado há muito tempo. Homens e mulheres inteligentes e com grande capacidade profissional podem também cair nessa tentação.

A ação para evitar esse problema é estar sempre consciente em relação à sua existência. Não se preocupe com a opinião dos outros e corte o mal pela raiz. Se o seu estilo for discreto, simplesmente saia de perto dos fofoqueiros e concentre-se em seu trabalho. Se você for do tipo mais direto, esclareça, com calma, que aquele tipo de conversa não vale a pena e nem é construtivo para a empresa.

Tenha em mente que a fofoca é um vício, um hábito. Para quem se acostumou a isso, será necessária uma ação positiva e muito determinada, para deixar de ser fofoqueiro.

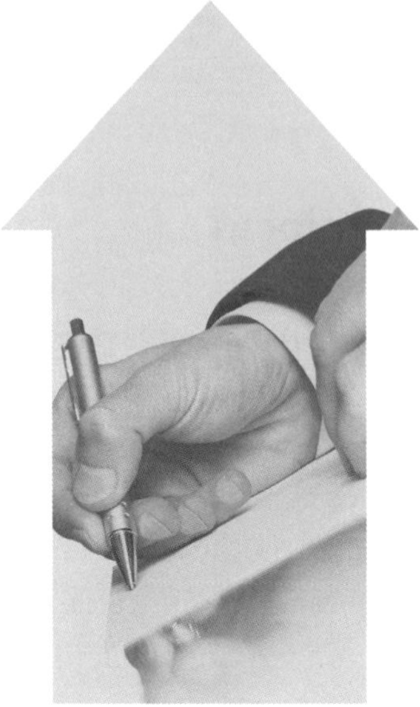

4 - Escreva o seu roteiro de sucesso. Defina para onde você quer ir

Estabeleça um plano de ação mensal. Faça tudo detalhadamente e com prazos muito claros.

Defina o seu projeto e mantenha o foco. Não se distraia.

Decida aonde você quer chegar nos próximos dez anos. Faça um plano por escrito, dividindo-o em 4 etapas: no final do ano, em 2 anos, daqui a 5 anos, dentro de 10 anos. Examine-o e reflita se é uma perspectiva real ou ilusória. Veja o que é preciso para chegar lá. Quais são os passos para os próximos doze meses? Estabeleça um plano de ação mensal. Faça-o de maneira detalhada e com prazos bastante claros.

Apresente esse plano para alguém da sua confiança, que tenha mais experiência que você, ou que esteja mais bem-posicionado no mercado de trabalho. Tenha também o cuidado de escolher um indivíduo que torce por você e que não esteja na mesma empresa. Ouça seus conselhos com atenção, reformule tudo o que achar necessário em seus planos, mas mantenha-se ao mesmo tempo convicto em relação àquilo que não quiser mudar. Na dúvida, procure mais uma fonte de consulta, para ter clareza ao decidir que caminho tomar.

Estabelecidos os objetivos e o plano mensal, revise-os sempre no primeiro dia de cada mês. Faça os ajustes necessários e siga em frente rumo à próxima etapa.

5 - Vença suas limitações e supere a si mesmo

Não seja prisioneiro do passado. Melhore um pouco a cada dia. No final do dia sempre pergunte a si mesmo: o que eu fiz melhor hoje?

O sucesso profissional é feito de crescimento pessoal. Anote em seu caderno pessoal as suas limitações no trabalho, sejam elas pequenas ou grandes. Por exemplo: não consigo chegar cedo; sou tímido e não converso com as pessoas; minha mesa está sempre desorganizada; não sei falar inglês; tenho memória ruim; e assim por diante.

Todas as limitações podem ser superadas ou amenizadas se tomarmos a decisão de fazê-lo e passarmos a agir positivamente.

Enxergar com clareza as nossas limitações é um modo de buscar objetivamente meios para vencê-las. Estabeleça prazos para suas superações e siga em frente. Caso você não consiga vencer uma limitação no prazo estabelecido, dê a si mesmo uma nova chance: mas não deixe de agir sempre!

Não tente vencer todas as suas dificuldades de uma só vez, pois desse modo não conseguirá um bom resultado. O segredo é superar um obstáculo de cada vez, por meio de ações e soluções positivas.

III
VALORIZE E CUIDE DE SEUS VÍNCULOS AFETIVOS

"Seja qual for a sua crença, ou a sua fé, busque primeiro o Amor, e o resto lhe será acrescentado [...] O Amor nunca falha. E a vida não falhará enquanto houver Amor".

Paulo Coelho – autor brasileiro

Você já notou que a nossa relação com a família, com nossos amigos, cônjuges ou parceiros é a área mais fundamental para a nossa felicidade? Ela nos proporciona muitas alegrias e também muitas tristezas e preocupações. Vivenciamos todas as emoções positivas e negativas em nossos relacionamentos. Sabemos que ninguém é uma ilha. Por isso, somos dependentes da harmonia para nos sentirmos bem-sucedidos e felizes.

A maior parte das confusões não são geradas por intenções ruins, mas por divergência de opiniões ou falhas na comunicação.

Cultivar ações positivas neste aspecto das nossas vidas é prioridade para obtermos sucesso em todas as outras áreas. Nossos relacionamentos são a base para a nossa autoconfiança, assim como o apoio necessário para os desafios em nossa vida.

Por isso, em se tratando de cuidar dos nossos relacionamentos, a sabedoria é a nossa maior virtude. É preciso esquecer o julgamento do certo e do errado e buscar sempre a harmonia. Nesta área, não devemos jamais visar trocas, e sim o aprendizado mútuo.

Quando aprendemos a lidar positivamente com esse patrimônio, os relacionamentos se tornam grandes bênçãos em nossas vidas.

1 - Habitue-se a dizer "eu te amo" para quem você ama

A cada dia, escolha alguém do seu relacionamento a quem expressar o seu afeto.

A frase "eu te amo" é mágica e poderosa.

Estamos sempre rodeados pelos nossos familiares, por nossos parceiros e amigos, mas muitas vezes não expressamos o quanto eles são importantes para nós. Algumas pessoas têm facilidade em falar e demonstrar suas emoções, outras não. Mas, se o sentimento é sincero, espalhar essa energia ajuda o mundo a se tornar melhor.

Dependendo do seu estilo, talvez prefira dizer "eu te admiro", ou "eu te respeito", mas todas essas versões não deixam de ser variações do "eu te amo".

Transforme cada dia em um dia mágico. Escolha a cada dia alguém do seu relacionamento para expressar seu afeto. Espalhe energia positiva. Converse pelo telefone, por e-mail, pelos sites de relacionamento ou pessoalmente, isso não importa. O que vale é que a mensagem seja transmitida.

Você pode, de repente, escolher um amigo que acabou de enfrentar um dia ruim, mas você não sabia, já que não o via há muito tempo. Palavras como "oi, lembrei de você e quero lhe dizer que gosto muito de tê-lo como amigo" podem ser a força necessária para que ele siga em frente.

Ligue para os seus pais para compartilhar seus projetos

Aproveite a ocasião para mostrar o seu amor por eles.

Muitas vezes, na correria do cotidiano, não temos tempo para nos dedicar àquele bem precioso que é a nossa família. Principalmente quando formamos uma nova família, acabamos nos esquecendo dos nossos pais e irmãos.

A ação positiva é planejar e arranjar tempo para lembrar de dizer a eles o quanto são importantes em nossa vida. É preciso fazer disso um hábito.

Meu conselho: ligue todos os dias para os seus pais. Você nunca saberá até quando eles vão estar com você. Uma simples ligação de 10 minutos pode proporcionar muita felicidade não só para eles, mas também para você.

Ligue apenas para saber como eles estão, ou para compartilhar algo bom em sua vida. Amar e honrar os pais são grandes virtudes. Alguns de nós tivemos pais maravilhosos, outros não, mas a verdade é que eles fazem o que podem pelo bem dos filhos.

Estar em paz com nossos pais e demonstrar amor por eles são ações 100% positivas.

2 -Aprenda a se comunicar de modo adequado

Muitas desavenças começam devido a uma falha na comunicação. Nossas palavras podem ser mal-interpretadas e pessoas que estavam falando exatamente a mesma coisa acabam discutindo.

Aprenda a ficar calado quando estiver irritado. Não fale coisas das quais poderá se arrepender mais tarde.

Nas relações, perceber a hora de falar ou calar é fundamental. Na dúvida, é melhor o silêncio.

Muitas desavenças começam devido a uma falha na comunicação. Nossas palavras podem ser mal-interpretadas e pessoas que estavam falando exatamente a mesma coisa acabam discutindo.

A ação positiva, na maioria das vezes, é ficar calado, deixar a cabeça esfriar, colocar as emoções e os pensamentos em ordem e somente depois se expressar.

O excesso de conselhos dentro da família também não funciona. No seio familiar os conselhos sempre soam como críticas.

Quando alguém muito próximo estiver desabafando com você, a ação positiva é fazer a seguinte pergunta: "Você quer que eu simplesmente ouça, ou gostaria de ouvir a minha opinião?" Caso a pessoa queira a sua opinião, seja gentil e cuidadoso ao colocá-la. As palavras são poderosas e quando mal-usadas tornam-se excelente combustível para desavenças. Seja sábio ao ouvir e ao se expressar!

Saiba dizer não... Saiba dizer sim

Se você tiver um parente ou amigo que sempre passa dos limites com você, a ação positiva é dizer: Não!

O seu "não" pode ser muito mais generoso que um "sim". Muitas vezes cedemos porque queremos evitar problemas e confusão. Emprestamos o carro, dinheiro ou nossos objetos pessoais àquele parente ou amigo que sempre se esquece de devolver. Estamos nos meio de um trabalho sério e somos interrompidos por pessoas que nunca ligam para saber como estamos, e sim para pedir algo ou desabafar um pequeno problema que parece ser o fim do mundo.

As pessoas também precisam de limites para crescer. Não é necessário ser grosseiro ao dizer "não", basta utilizar um tom suave, mas firme. Porém, quando você decidir por esta resposta, cuidado para não ser dúbio, pois se a pessoa for naturalmente abusada ela distorcerá suas palavras. Faça do seu "não" um verdadeiro "não"!

Faça uma lista de todos a quem você precisa dizer não. Tome consciência disso, treine sozinho, ganhe convicção e coragem. Lembre-se de que dizer "não" é respeitar a si mesmo, seus limites e sua autoestima.

Aproveite também para fazer a lista do "sim", para usar com aquelas pessoas que estão sempre do nosso lado e tão disponíveis que acabamos esquecendo de agradecer.

Use adequadamente estas duas palavras mágicas e melhore sua vida pessoal.

3 -Surpreenda positivamente quem você ama

Não existe nada mais prazeroso do que fazer felizes as pessoas que amamos.

Este é um gesto fácil, simples de se colocar em prática, mas que tem um significado recheado de ternura. Organize a sua vida e agenda para fazer um café da manhã especial para as pessoas importantes na sua vida.

Escolha datas ou momentos especiais. Imagine a possibilidade de acordar sua mãe servindo-lhe um belo café da manhã em uma bandeja com flores. Imagine o mesmo em relação ao seu cônjuge. Não existe nada mais prazeroso do que fazer as pessoas que amamos felizes. Se você estiver muito ocupado para fazer isso pessoalmente, também é válido encomendar uma bonita cesta de café da manhã, mas, neste caso, não peça à sua secretária, e capriche no cartão.

4 -Reserve um tempo especial para você

Uma boa amizade não precisa de muito tempo a cada encontro; mas todo o tempo investido nela a torna verdadeira e eterna.

Quanto tempo faz que você não sai com os amigos, simplesmente para papear, jogar conversa fora, rir muito e se divertir?

Não importa se for depois de um jogo de futebol uma vez por semana, ou marcando aquele bate-papo no final da tarde, esses programas sempre trazem leveza e diversão.

Porém, quase sempre deixamos tais compromissos de lado, na esperança de que um dia acharemos tempo em nossa agenda para eles.

Se você já priorizou isso na sua vida e já tem seu próprio clube do "bolinha" ou da "luluzinha", parabéns!

Porém, se a sua vida é da-casa-para-o-trabalho e do-trabalho-para-casa, é hora de partir para uma ação positiva. Organize um grupo de amigos ou amigas. Se você for solteiro(a) os grupos podem ser mistos, mas se for comprometido(a) é melhor que sejam grupos que incluam somente pessoas do seu sexo para que o ciúme do cônjuge não sirva como um agente negativo.

Convide algumas pessoas (não podem ser muitas) com as quais tenha sinergia e que se relacionem bem umas com as outras. Agendem uma data fixa, como a primeira segunda-feira do mês, por exemplo, e divirtam-se.

Caso você não fique à vontade em grupos, organize sua agenda com apenas um ou dois amigos, mas reserve tempo para eles. Uma boa amizade não precisa de muito tempo a cada encontro; mas todo o tempo investido nela a torna verdadeira e eterna.

Reserve um tempo para ficar a sós com sua(seu) companheira(o)

A vida é uma viagem sem roteiro, mas alguns caminhos são iguais para todos.

Apaixonamo-nos perdidamente, e este sentimento toma conta de nós. Nada é mais importante do que estar ao lado da pessoa amada. Então nos casamos, e o dia a dia começa a ocupar um grande espaço em nossas vidas. Temos filhos e passamos a vivenciar um novo eu, sentimos o que é amor incondicional. A partir daí, queremos fazer de tudo para proporcionar-lhes felicidade e educação.

Perdemo-nos em meio a tantas atividades e responsabilidades. Deixamos de ser indivíduos e passamos a ser apenas pais ou mães. O casamento fica de lado e, de repente, nos vemos brigando por causa das fraldas, das notas das crianças, do supermercado etc.

Você já viu esse filme, está vendo, ou, pelo menos, já ouviu falar dele, não é mesmo? Para não deixarmos o casamento cair nesse círculo vicioso é importante que implementemos várias ações positivas.

Dedique algum tempo somente para você e sua companheira. Somente os dois, sem os filhos! Um final de semana assim, de intimidade e cumplicidade, pode ser um verdadeiro milagre para a relação.

Reserve um tempo para vocês assistirem um filme romântico, para jantarem fora a dois. Compre presentes-surpresa e telefone apenas para dizer "eu te amo!"

Converse também com os filhos

Você trabalha duro para manter seus filhos em uma boa escola. Acompanha suas notas e os deveres escolares, é um bom pai ou uma boa mãe. A pergunta é: você brinca com os seus filhos?

Crianças cujos pais compartilharam o desenvolvimento de atividades lúdicas têm mais autoconfiança e, consequentemente, mais autoestima.

Os filhos precisam dessa atenção. Ao brincarem juntos, pais e filhos fortalecem laços afetivos e derrubam a hierarquia na relação pai-filho, dando espaço para a amizade e o companheirismo.

Não é preciso nada especial. Você pode fazer um piquenique em casa, um teatrinho de sombras, um acampamento no quarto, seguir uma nova receita na cozinha, fazer bolinhas de sabão, brincar de esconde-esconde ou de cabra-ega, ler histórias etc. Estas ações simples refletirão positivamente no futuro dos seus filhos. Além do mais, isso também ajuda muito os pais a eliminar o estresse e a combater aquela culpa que carregam pela sua ausência em casa, devido à longa jornada de trabalho.

O diálogo é importante, mas é fundamental que, ao fazer perguntas, também escutemos as respostas. Se falarmos demais não teremos tempo para conhecê-los.

5 - Organize festas, mesmo sem um motivo especial. Celebre a alegria de estar vivo e feliz

Ao menos uma vez por ano faça uma festa em que o único objetivo seja a própria celebração e o encontro com os amigos.

Se você é do tipo que vive fazendo festas em sua casa, ótimo! Você já está no clima. Agora, se você não costuma receber amigos e parentes, está na hora de começar.

Ao menos uma vez por ano faça uma festa em que o único objetivo seja a própria celebração e o encontro com os amigos. Organize aquela reunião partilhada em que cada um leva um prato diferente. Conversem antes para dividir as funções. Escolham um tema: pode ser festa a fantasia, festa dos anos 1960, festa italiana, mexicana, caraoquê, isso não importa. O que vale é o seu gosto pessoal (e gosto não se discute).

Os lugares podem variar, os horários também. O mais importante é que seja uma festa animada e feita por todos. Faça com que essa data se torne parte da agenda do grupo e, a cada ano, vocês poderão ser mais criativos e divertidos.

O objetivo é uma festa sem motivo especial, que não comemore o aniversário de ninguém, ou qualquer acontecimento diferente, na qual o único objetivo seja a confraternização.

Seja um agente positivo, o organizador dessa festa e, se quiser fechar com chave de ouro, sugira que cada participante sempre leve um quilo de comida não perecível, para ser doado a uma instituição de caridade. Assim a festa ficará ainda mais positiva!

IV
COLOQUE DEUS EM SUA VIDA

"Sem Deus, o universo não é explicável satisfatoriamente".

Albert Einstein, físico alemão

A fé é uma das virtudes mais positivas que se pode cultivar na vida. Acredito que Deus não tenha uma religião específica, mas que abençoe todas as práticas que unam os homens e promovam a paz, não a guerra.

A palavra religião vem do termo latino *religio* ou religação. Isso nos faz refletir sobre a grande missão de todas as religiões: ligar, conectar o homem à sua essência; descobrir e cultivar dentro de cada ser humano sua natureza divina; é o caminho de volta para casa.

A escolha da religião é uma opção pessoal. Cada um, afinal, se identifica com uma filosofia. Viver em um país sem conflitos religiosos é uma grande bençăo, e, no Brasil, somos agraciados pela liberdade religiosa, na qual todas as crenças são devidamente respeitadas.

Não importa se você é Católico, Budista, Evangélico, Espírita, Judeu, Umbandista, Mulçumano. O que interessa é sua fé e devoção a um Deus justo e bondoso. Todos os caminhos têm o mesmo objetivo: a evolução pessoal pela fé.

Quem tem esta virtude sempre está mais preparado para enfrentar os desafios da vida. Na jornada diária, muitas vezes nos esquecemos desse caminho, e usamos o intelecto para criar confusão em nossas mentes.

A fé é, acima de tudo, um sentimento que não precisa de provas ou de explicação. É uma certeza interior sobre a existência de algo mais. A fé não precisa estar cadastrada em nenhuma religião.

Ação positiva: descubra a sua fé. Convido-o a, independentemente de sua religião, instituir a fé em sua vida.

1 - Viva em sintonia com o sagrado

Cada um de nós é uma unidade, portanto, não podemos separar o nosso lado espiritual de nossa vida material e cotidiana. Nossa fé nunca deve ser deixada de lado.

Esta é, na verdade, uma decisão de vida, sobre a qual precisamos nos manter sempre alertas e vigilantes. Afinal, de que adianta ir à igreja se não honrarmos o aprendizado lá obtido em nosso dia a dia.

É preciso que estejamos sempre atentos a cada pensamento, a cada palavra, a cada ação e a cada hábito. Como nos comportamos? Temos uma palavra acolhedora quando encontramos alguém necessitado? Vivemos em sintonia com as nossas orações?

Cada um de nós é uma unidade, portanto, não podemos separar o nosso lado espiritual de nossa vida material e cotidiana. Nossa fé e nossa compreensão dos ensinamentos de nossa religião devem ser manifestadas a todo momento – se necessário, devem ser adaptadas a cada situação, mas nunca abandonadas.

No agressivo ambiente de trabalho em que somos cobrados por resultados, não podemos simplesmente deixar de trabalhar e ficar rezando em nossa mesa, mas podemos cultivar boas emoções, alegria e união. Com discernimento, podemos transformar uma tarefa corriqueira em um ato consciente e espiritual.

A grande sabedoria está em adaptar o nosso cotidiano à espiritualidade, criando uma realidade gentil, uma busca sincera, feita com ternura e compaixão para com os outros e com nós mesmos.

Todas as noites, antes de dormir, avalie o dia que terminou e o modo como usou a espiritualidade nessa jornada. Proponha-se, então, a fazer ainda melhor no dia seguinte.

Descubra a sua religião

Deus não tem religião, por isso a fé independe de sua crença. É inegável, porém, o benefício que cada uma delas proporciona ao oferecer apoio para o caminho espiritual.

A única crítica que faço às religiões diz respeito ao julgamento que fazem umas das outras, e à maledicência em relação às suas práticas.

Se estudarmos com isenção as diversas religiões, perceberemos que todos os caminhos nos levam ao mesmo lugar, ou seja, ao encontro com uma força maior que chamamos de Deus – o grande arquiteto, ou a energia criadora.

A escolha de um caminho comum para muitos nos impede de nos sentirmos solitários. Além disso, trabalhando em grupos sempre encontramos outras pessoas que podem nos ajudar em nossa própria evolução.

Seja por meio de uma religião, de um espaço ecumênico, ou de uma filosofia de vida, cultivar a fé é sempre uma ação positiva.

Construa seu refúgio interior

A cada dia de sua vida, dedique 10 minutos para si mesmo. Acredite, embora pareça pouco tempo, esses minutos serão transformadores. Utilize-os para se conectar à sua essência, para unir-se a uma força maior que não está longe nem fora de você, mas dentro de cada um de nós.

Procure um lugar confortável, coloque uma música relaxante, sente-se em uma posição confortável (de pernas cruzadas, se preferir), mas mantenha a coluna e a cabeça eretas. Feche os olhos e fique em silêncio. Afaste os pensamentos, a ansiedade ou a pressa.

Com calma, visualize uma luz rosa e dourada expandindo-se em seu coração. Imagine um lugar em meio à natureza que seja belo, muito agradável, tranquilo, desabitado e bastante acolhedor. Pode ser um local onde nunca tenha estado ou até mesmo que tenha visitado.

Encontre esse espaço dentro de si mesmo. Ele será seu refúgio interior. Memorize-o, desenhe-o, procure fotos que o façam recordar desse lugar. Mantenha essa imagem perto de você e recorra a ela sempre que precisar.

Faça esta meditação quantas vezes forem necessárias, até sentir-se conectado a esse lugar especial. Não tenha pressa. O importante é repetir diariamente esses passos, pois assim você descobrirá seu refúgio interior.

2 - Reze todos os dias. Experimente o poder da oração

Conecte-se a uma força maior. Livre sua mente e seu intelecto, liberte sua energia maior e desvencilhe-se dos julgamentos.

Orar é uma ação positiva e cientificamente comprovada. Serve também como um energético para nossa mente.

A oração tem o poder de nos aproximar de nossos desejos. É a porta de comunicação com a nossa força interior. Quando rezamos, o mais importante não é simplesmente repetir preces já conhecidas. A verdadeira oração é a conexão entre a nossa mente e as nossas emoções, por meio das palavras. Tal ação tem uma força inacreditável.

Diga o que deseja em voz baixa, mas com sentimento. Conecte-se a uma força maior. Livre sua mente e seu intelecto, liberte sua energia maior e desvencilhe-se dos julgamentos.

A prática da oração com o uso de palavras positivas, assertivas, repletas de amor e de sinceridade, tem um poder transformador. A oração é a ação mais efetiva para criarmos um elo com a nossa espiritualidade. Até mesmo aquele que é ateu, pode rezar e se conectar com um estado elevado da mente, onde é possível sentir paz e positividade.

Crie um espaço sagrado dentro de sua casa

Escolha um cantinho da sua casa e construa um pequeno altar. Coloque ali as imagens ou os símbolos dos quais você gosta. Pode ser uma cruz, a Bíblia, alguma imagem de santos ou de Buda, o Alcorão, o Tora – a escolha é sua. O importante é que sejam objetos que lhe tragam paz e confiança. Nada de escolher algo que lhe provoque culpa e remorsos.

Pense positivamente em relação à fé. Tenha esta virtude como um apoio, como sua melhor e mais fiel amiga em sua caminhada pela vida. Se gostar de incensos e velas, acenda-os para seu anjo da guarda ou, se preferir, para um espírito elevado. Prefira velas brancas, que sempre trazem a mensagem da paz.

Prepare esse cantinho com respeito e elevação. Nas horas difíceis, ele poderá servir como um verdadeiro aliado para despertar-lhe a esperança que está tão diretamente interligada ao pensamento construtivo.

3 - Agradeça sempre. Abra seu coração para a gratidão

A gratidão é uma virtude que deve ser cultivada e desenvolvida continuamente, até se tornar um hábito.

Um dos principais momentos durante os quais devemos agradecer é o da refeição.

A comida é um dos principais direitos de toda a humanidade. Mesmo assim ainda há miséria e fome em nosso país e em todo o mundo. Lembrar-se de que fazemos parte de um grupo de privilegiados que pode sentar-se à mesa e se alimentar todos os dias é um importante ritual para desenvolvermos a gratidão.

Esta é uma virtude que deve ser cultivada e continuamente fortalecida, até se tornar um hábito. O sentimento de gratidão nos faz enxergar as pequenas e as grandes dádivas que recebemos e, ao mesmo tempo, perceber o quanto somos abençoados em nossas vidas.

A gratidão tem efeitos terapêuticos em várias doenças psicossomáticas e é também um importante agente do bem-estar, que nos ajuda a combater o que chamamos de depressão – e que não deixa de ser um estado de ausência de pensamentos positivos.

Por isso, durante o simples ato de comer, lembre-se de visualizar todo o ciclo que o alimento percorre para chegar à nossa mesa, e agradeça. Este ciclo envolveu a natureza, a mão do homem e até as vantagens da vida moderna. Muitas vidas participaram para que aquele alimento chegasse até você. Seja grato a essas pessoas e à dádiva de poder se alimentar todos os dias. Pessoas gratas são mais felizes e positivas.

Um amigo me ensinou uma oração bem simples para a hora das refeições, porém muito bonita. Gostaria de compartilhá-la com todos:

"Senhor, eu lhe agradeço por este alimento e por Suas bênçãos sobre tudo e todos que tornaram possível que ele chegasse à minha mesa. Amém!"

4 - Aceite aquilo que você não pode mudar

"Senhor, seja feita a Vossa vontade!" Entregue nas mãos de Deus a solução para aquilo que o aflige.

Aceitar aquilo que não podemos mudar, além de nos livrar de nossas angústias, nos ajuda a sentir a presença de Deus em nossa vida. Quando percebemos que algo está além de nossas forças, imediatamente lembramos que jamais estará além das forças de Deus.

Aceitar o que não podemos mudar é o mesmo que dizer: "Senhor, seja feita a Vossa vontade!" E, ao fazê-lo, entregarmos nas mãos de Deus a solução para aquilo que nos aflige.

Da mesma maneira, aceitar o que não podemos mudar é deixar de sofrer pelo passado e evitar a angústia causada pela ansiedade sobre aquilo que virá, e pelo que ocorrerá em nosso futuro. É aprender a estar sempre no presente, vivendo um dia de cada vez.

Este é um exercício que deve ser feito diariamente, a todo momento, até se tornar um hábito.

Parece fácil e simples viver no presente, mas são raríssimos os momentos de nossa vida em que nos encontramos neste estado. Nossa mente muitas vezes vaga pelo passado, pelo futuro, ou até mesmo está perdida em algum lugar diferente daquele em que fisicamente nos achamos, como, por exemplo, quando almoçamos pensando no que temos que fazer logo depois. Nessas ocasiões, nosso corpo ocupa um determinado lugar, mas nossas preocupações nos levam a outro. Vivemos como zumbis e nem percebemos.

Viver um dia, um momento de cada vez, aproveitar o agora, nos faz ficar em sintonia com todos os nossos sentidos. A visão fica mais aguçada e somos capazes de observar e gravar os detalhes; mostramo-nos atentos e ouvimos os sons; sentimos os aromas; nosso tato aflora em sensibilidade. Percebemos que existe vida dentro de nós. Ficamos mais alertas e conscientes, e deixamos de ser reféns dos pensamentos que vagam pela nossa mente, sem destino.

Vivenciar o agora nos aproxima de nós mesmos. Deixamos de ser um amontoado de ideias e de preocupações para nos concentrarmos completamente nas experiência que estamos vivendo a cada momento. Aprendemos a aceitar o que não podemos mudar e reunimos coragem para mudar o que é possível.

Mantenha uma ação positiva: vigie-se para estar presente no agora. Esse é o segredo da meditação ativa. Quando conseguimos agir desse modo, mesmo que por um curto período do nosso dia, uma porta para a compreensão e a sabedoria se abre dentro de nós.

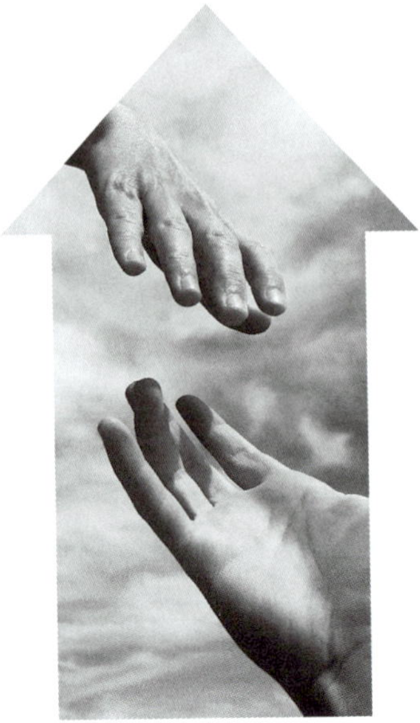

5 - Servir ao próximo é servir a Deus

Uma das manifestações mais fortes de respeito pelo ser humano é demonstrar-se caridoso. De que adiantaria uma vida espiritual sem ações práticas?

Existe uma palavra utilizada na Índia que expressa perfeitamente o respeito que devemos compartilhar uns com os outros: *Namastê!* Ela significa: o meu Divino saúda o seu Divino.

Quando falamos em respeito, nos referimos à forma mais ampla desse sentimento. Referimo-nos à admiração, à ajuda e ao reconhecimento. Uma das manifestações mais fortes de respeito pelo ser humano é demonstrar-se caridoso. De que adiantaria uma vida espiritual sem ações práticas?

Rezamos, construímos nosso pequeno altar, pedimos a Deus e recebemos suas graças. Mas como retribuímos? A prática da caridade é uma ação 100% positiva.

A caridade pura é um sentimento que gera uma ação altruísta no sentido de ajudar um desconhecido, sem buscar qualquer tipo de recompensa. Somos caridosos quando nos envolvemos em uma causa desprovidos de quaisquer interesses. Quando praticamos a caridade nos ligamos a uma força maior.

Reze por pessoas que você não conhece, faça parte de um círculo de orações, preencha sua vida com atos de caridade. Vá para as ruas e alimente alguém necessitado; recolha um animal das ruas; ofereça uma palavra reconfortante a alguém que você possivelmente nunca mais verá.

A caridade provoca em nós um sentimento de alegria, e nos dá força interior. Só podemos dar aquilo que temos em abundância. Quando somos caridosos, reconhecemos essa abundância em nossa vida, e isso atrai ainda mais prosperidade espiritual e material.

V
TORNE-SE RICO DE VERDADE

"Se você quer um ano de prosperidade,
cultive trigo.
Se você quer dez anos de prosperidade,
cultive árvores.
Se você quer cem anos de prosperidade,
cultive pessoas."

Provérbio Chinês

Você sabe dizer qual é o valor do dinheiro? Dinheiro traz felicidade? Quanto do nosso tempo, ações e pensamentos investimos em busca da prosperidade material?

A nossa relação com o dinheiro está diretamente relacionada com os nossos pais, a nossa educação e como era visto e tratado em nossas famílias. Afinal, antes da nossa independência financeira fomos todos dependentes de nossos pais, ou de uma figura ou instituição que os tenha substituído de algum modo.

O poder e o dinheiro nos ensinam muito sobre nós. Sempre digo que é mais fácil ser humilde sem ter poder e generoso sem possuir dinheiro. É quando você dispõe de dinheiro e poder que começa o verdadeiro desafio. O dinheiro é um grande mestre e aliado quando usado com sabedoria e uma grande armadilha para a felicidade quando ficamos cegos pela ganância. O culpado não é o dinheiro, e, sim, o papel que damos a ele em nossas vidas.

Assim sendo, com sabedoria, é importante que tomemos ações práticas e positivas para fazer nosso dinheiro render e que, desse modo, deixemos as portas abertas para a prosperidade.

Ganhar dinheiro honestamente e ficar rico é um direito de todos. Hoje em dia não existe mais a visão distorcida de que o dinheiro é um vilão. A economia brasileira vem crescendo e nosso país está se tornando uma das economias mais fortes e estáveis do mundo. Com a geração de riquezas bastante estimulada, muitas famílias saíram da linha de miséria para uma situação de pobreza, enquanto outras deixaram o nível de pobreza rumo a uma condição de baixa ou média renda. Seus membros tornaram-se, portanto, consumidores ativos.

Estude investimentos, converse com pessoas que sabem investir, leia livros e artigos sobre o tema. Hoje em dia há uma enorme disponibilidade de materiais e informações sobre como poupar e investir dinheiro. Temos também mais acesso a palestrantes, consultores virtuais e sites nos quais profissionais oferecem dicas e conselhos sobre como cuidar melhor das finanças.

Ninguém precisa ser um especialista para cuidar melhor do próprio dinheiro. Basta ter interesse em buscar essas informações, estudá-las e aplicá-las em sua vida. Converse também com amigos que tenham uma vida financeira regrada e bem orientada e peça-lhes algumas dicas de como fazer o seu dinheiro se multiplicar.

O gasto consciente e responsável, assim como a correta aplicação do dinheiro poupado, poderão lhe abrir muitas portas.

1 - O dinheiro é consequência da realização de sua missão

Sonhe e crie os degraus necessários para alcançar seus objetivos. O dinheiro surgirá como uma consequência.

Persiga seus sonhos, não o dinheiro.

As pessoas mais prósperas sempre tiveram em mente um sonho. Todos os empresários que fizeram fortuna honestamente foram movidos por um sonho de criar algo novo, gerar empregos, ajudar o seu país. Somente nos bolsos de uma grande mente cabe uma grande fortuna!

O sonho consegue nos dar o entusiasmo necessário para que foquemos nossa energia em sua realização. Quando pensamos apenas em dinheiro não existe uma motivação real. É melhor pensar em realização, pois o dinheiro virá como uma consequência.

Também podemos sonhar com o que o dinheiro pode comprar ou realizar: uma casa, um carro novo, ajudar a família. Tudo é válido. A nossa imaginação e os nossos pensamentos criam a ação positiva. Esta, por sua vez, gera o hábito e muda os pensamentos.

Sonhe, visualize, escreva sobre isso, mentalize positivamente, crie os degraus necessários para alcançar seus objetivos. O dinheiro surgirá em consequência de suas atitudes.

Todos têm de ganhar

Agora, enquanto você constrói o seu sucesso, lembre-se sempre de que todos têm de ganhar. Esqueça, portanto, o conceito de que para você ganhar o outro tem de perder.

Se o seu colega de trabalho acabou de receber um aumento ou ganha mais que você, comemore! Sinal de que a empresa que você trabalha está saudável e que você também tem espaço para crescer. Em breve você poderá ser o próximo.

Se você é empresário e seu concorrente vai muito bem, comemore! É sinal de que o mercado está aquecido e em breve sua empresa também poderá se aproveitar disso.

A ação positiva nestes casos é, portanto, comemorar sempre a prosperidade alheia e nela enxergar grandes oportunidades para todos.

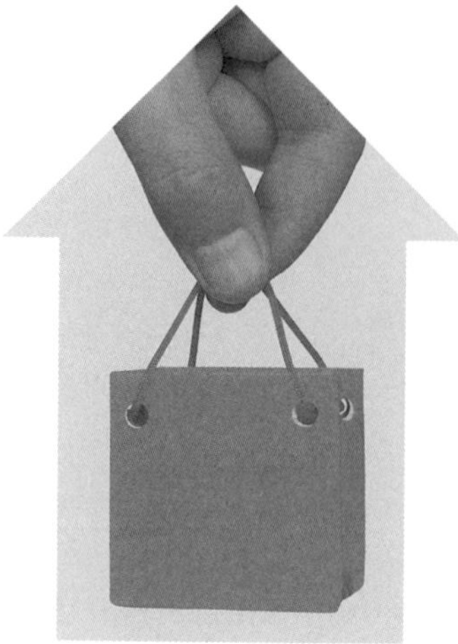

2 - Menos é mais, quando se sabe comprar

Acabe com as compras feitas por impulso. Para isso, pense duas vezes antes de se dirigir ao caixa.

Comprar por menos não significa apenas valorizar o seu dinheiro, mas também comprar mais com a mesma quantia. Parece óbvio? Mas não é tão óbvio assim. Muita gente ainda não percebeu o modo como simplesmente joga fora o seu suado dinheirinho.

Centavo poupado, centavo ganho

Dinheiro é energia, mas deve ser encarado também como matemática. Anote em uma planilha todas as suas receitas, assim como os seus gastos. Subdivida a coluna de despesas em duas partes e assinale com uma cor tudo o que for fundamental e com outra cor o que for supérfluo. Ao lado de cada gasto coloque o valor que você pode investir por mês naquele item.

Analise com clareza a coluna dos supérfluos e reduza, ou até elimine, alguns itens. Pode-se ainda imprimir uma periodicidade diferente aos gastos prescindíveis, estabelecendo que a compra de roupas, por exemplo, passará a ser bimensal ou até trimestral.

Se a renda for compartilhada, escolha para administrá-la a pessoa que for mais responsável e tiver mais bom senso para cuidar do dinheiro. Se o seu dinheiro é apenas para uso pessoal, assuma a responsabilidade de cuidar bem dele.

Hoje em dia é possível obter informações sobre preços e produtos em toda a parte: nos jornais, nas revistas e na web. Pesquisando você pode encontrar as melhores condições, principalmente nos casos de compras de valor mais alto. O tempo investido lhe será retornado em economia.

Outra ação positiva é esperar liquidações para comprar roupas e acessórios. Hoje em dia, a moda é múltipla e sempre aberta a vários estilos. Fazer suas compras em liquidações não deixará ninguém malvestido.

O lugar em que fazemos nossas compras também é fundamental para a nossa economia. Shoppings Centers são geralmente mais caros, pois estabelecem um padrão de preços para cobrir todas as despesas de uma instalação mais luxuosa. Vale a pena buscar lugares onde os preços sejam mais convidativos.

Fique atento e consciente na hora de comprar.

Evite ir às compras quando estiver frustrado

Consumir menos, além de fazer um bem enorme para o bolso, também é uma ação positiva que gera em nossa mente a boa sensação de que estamos no controle de nossa vida financeira.

Muitas vezes costumamos comprar por impulso e, na maioria delas, coisas de que nem precisamos. Fazemos isso em especial quando estamos tristes ou frustrados.

Acabe com as compras feitas por impulso, e pense sempre duas vezes antes de adquirir algo. Nunca vá às compras se não estiver bem de humor. Evite fazê-lo se estiver triste, enfrentando um momento de preocupação ou frustração.

Quando estiver prestes a comprar algum produto, pergunte a si mesmo: eu realmente preciso daquilo ou apenas quero possuí-lo?

As compras por impulso são as maiores responsáveis pelo estouro de nossos orçamentos.

Respeite o seu dinheiro

Economize sempre. Dinheiro não "aceita desaforos".

Seja econômico! Controle os gastos com água, luz e telefone. Tire os fios dos equipamentos eletrônicos da tomada quando não estiverem em uso. Além de economizar o seu dinheiro, estará ajudando o planeta, e ele agradece.

Economize nos gastos com celular. Atualmente as operadoras oferecem planos vantajosos e muito mais econômicos. Invista algum tempo nesta questão; se você usa muito seu aparelho, a economia pode ser surpreendente.

Faça o mesmo com a TV por assinatura. Negocie com a operadora um pacote mais barato.

Nas horas das compras de supermercado, verifique antes o que você já tem na despensa e fique atento à validade dos produtos. A pior coisa é jogar comida fora, em um planeta em que ainda existem milhões de pessoas na miséria.

Lembre-se sempre de que o dinheiro mais fácil de ganhar é aquele que você economiza, pois ele já está guardado e seguro no seu bolso.

3 - Pague o seu dízimo de prosperidade

Aprendendo a economizar você vai adquirir o hábito e a tranquilidade de ter sempre dinheiro sobrando, e, não, faltando.

Estabeleça uma meta: economize no mínimo 10% da sua receita mensal. Essa poupança tem que ser sagrada.

Se a receita e as despesas estão equilibradas, já demos várias dicas para você economizar. Mas, eis aqui mais uma que pode ajudar bastante:

Transforme o hábito de comer fora de casa em um evento especial. Muitas vezes gostamos de almoçar ou jantar fora durante a semana. É sempre muito prático e gostoso, mas talvez isso acabe pesando no orçamento.

Se possível, de vez em quando leve refeição de sua casa para almoçar no trabalho. Essa ação pode gerar uma economia razoável, além de também ser mais saudável.

No caso dos almoços de final de semana com a família e os amigos, transforme-os em eventos quinzenais ou mensais. Isso poderá trazer até benefícios, pois um hábito corriqueiro poderá se tornar um evento especial para você e seus filhos.

Outra opção é substituir as refeições externas por divertidos momentos dentro de sua própria casa, por exemplo, cozinhando em família.

Aprendendo a economizar você irá adquirir o hábito e a tranquilidade de ter sempre dinheiro sobrando, e não faltando. Esse fato lhe dará segurança e autoconfiança em vários outros aspectos da sua vida. Quem sabe em breve você poderá investir em um negócio próprio.

4 - Venda ou doe o supérfluo. Faça a riqueza girar

Nunca esqueça que o dinheiro é energia, e que a generosidade é como um grande ímã para a prosperidade.

É incrível como temos em nossa casa e em nossas vidas um excesso de coisas das quais não precisamos mais. Roupas que não usamos, acessórios que esquecemos até que existem, vasos guardados em armários, tapetes enrolados, livros que já foram lidos etc.

Será que é necessário guardar tudo isso? Precisamos de espaço para o novo. A cada dois meses, dedique um fim de semana para reunir tudo o que for supérfluo. Seja determinado.

Depois de reunir tudo o que já não for mais necessário, poderá vendê-lo em um bazar de roupas ou objetos usados, ou até mesmo na internet. O dinheiro arrecadado pode aumentar as suas economias, ou até mesmo ser doado a uma instituição assistencial. Não esqueça que o dinheiro é energia, e a generosidade é como um grande ímã para a prosperidade.

Outra coisa que devemos fazer, em especial e com maior frequência, é doar livros usados. Se os livros tivessem alma, com certeza desejariam ser lidos pelo maior número de pessoas possível.

Sempre mantemos em nossa casa livros que já lemos. Estes permanecem lindamente expostos em uma estante ou protegidos em uma caixa em algum canto da casa. Guardamos até hoje os que pertenceram aos nossos filhos, cheios de imagens e recordações. Nossas crianças já cresceram, mas continuamos apegados às fontes das primeiras histórias que lhes contamos. Tal atitude é linda e louvável, mas podemos fazer melhor, guardando apenas os livros realmente significativos, ou aqueles que costumamos reler sempre, e, sem apego excessivo, doar os demais aos que precisam.

Imagine os livros utilizados por seus filhos em um orfanato sem recursos. Pense nos seus romances favoritos sendo usados em asilos desprovidos de estrutura. Imagine quantas pessoas poderiam ser beneficiadas com gestos simples.

Quando espalhamos cultura sempre recebemos do universo o dobro. Abrimos espaço em nossas vidas ao mesmo tempo em que beneficiamos outras pessoas.

Pense positivamente: doe os livros já!

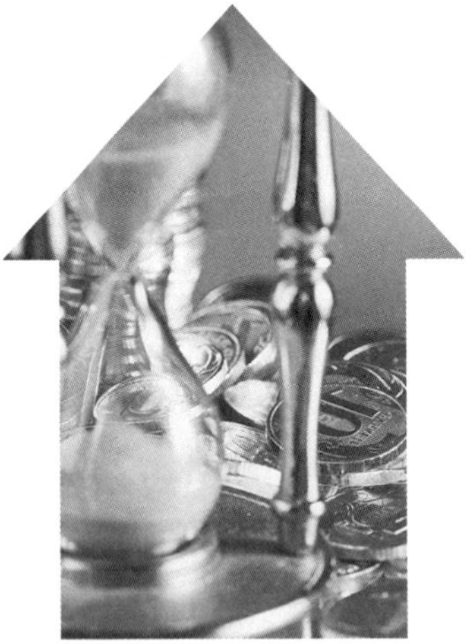

5 - Acredite: Deus ajuda quem ajuda a si mesmo

Não existe realização sem trabalho real. Minha avó já dizia: "Deus ajuda quem cedo madruga."

Trabalhar é a ação mais eficaz para ganhar dinheiro e alcançar prosperidade.

Fazer o que gosta e com entusiasmo sempre nos levará a grandes conquistas. Temos que concretizar nossas ideias por meio de ações positivas. Quando temos pensamentos otimistas e agimos com eficiência o universo conspira a nosso favor.

Thomas Edison, inventor norte-americano, já dizia: a genialidade é 99% transpiração e 1% inspiração.

Demonstrar consciência em relação à boa utilização do nosso tempo, elegendo prioridades e estabelecendo metas, é fundamental para a colheita de bons resultados. Tal conhecimento é o caminho mais curto e seguro para que alcancemos a maior de todas as riquezas.

Não existe realização sem trabalho real. Como mencionado anteriormente, Deus ajuda quem cedo madruga. Então, a partir de agora, coloque mais energia em suas ações e defina melhor os objetivos em seu trabalho!

VI
PRATIQUE A SOLIDARIEDADE E A RESPONSABILIDADE SOCIAL

"Seja a mudança que você quer ver no mundo".

Mahatma Gandhi, estadista e líder espiritual indiano

Você é um cidadão? O que é ser cidadão? De maneira simples, podemos dizer que é o indivíduo que respeita e participa das decisões da sociedade, visando a melhoria de sua própria vida e da comunidade.

Estamos em pleno século XXI, mas muitas pessoas acreditam que a sociedade está regredindo. Sou otimista, principalmente em relação ao nosso país. Uma nação sem guerras, cujo povo é solidário, sabe valorizar as pequenas coisas e buscar os grandes desafios.

As pesquisas comprovam a minha visão. Em 2001, o Brasil foi considerado, pela Organização das Nações Unidas (ONU), o país que mais progrediu no voluntariado. Segundo esta instituição, em 2002 cerca de 42 milhões de pessoas participavam de alguma atividade de cunho social. Este não é um dado surpreendentemente positivo?

A maioria dos brasileiros faz ou deseja realizar trabalhos sociais. Acredita em cidadania e quer fazer parte de algo que realmente ajude as pessoas mais necessitadas. Hoje em dia, temos muito apoio dos meios de comunicação e das escolas para divulgar ações que proporcionam bem-estar e desenvolvimento ao nosso País.

Quem já desempenha um trabalho social sabe que o mais beneficiado é ele próprio: a retribuição vem em dobro, a partir do sorriso de uma criança, ou de um "Deus te abençoe" dito com emoção por um morador de rua.

A prática da solidariedade nos deixa mais fortes e entusiasmados e, assim, tudo fica mais fácil em nossas vidas. Nossas dificuldades se tornam pequenas diante dos problemas alheios e, sendo tão pequenas, tornam-se mais fáceis de serem solucionadas.

Pequenas atitudes que tornarão melhor a vida de dezenas de pessoas podem ser introduzidas no seu dia a dia, e ajudar o próximo é uma ação 100% positiva.

1 - Faça um trabalho voluntário

O Brasil é um país de voluntários. Temos essa vocação e esse coração.

Existem atualmente em nosso país inúmeras ONGs sérias e atuantes. Escolha uma que seja perto da sua casa, ou que tenha sido recomendada por um amigo, mas, principalmente, dentro da qual você tenha vocação para atuar.

Não adie mais! Não fique pensando em desculpas como: "quando eu tiver dinheiro", "quando eu trabalhar menos", "quando meus filhos crescerem" etc. Faça-o já!

Se você gosta de trabalhar com crianças, pode se tornar um contador de histórias, organizar um curso ou entretenimento, trabalhar em berçários etc.

Se você se sente bem em ajudar os idosos, muitos asilos precisam oferecer programas e diversão para eles.

Se você quer distribuir alimento para os mais necessitados, muitos grupos sociais já fazem esse trabalho. Participe de campanhas e de grupos que arrecadam, processam e distribuem refeições.

O Brasil é um país de voluntários. Temos essa vocação e esse coração. Existe muito espaço e muitas necessidades a serem atendidas pelo voluntariado.

Atue de maneira positiva e não adie mais. Pesquise, busque, escolha um lugar para ajudar, envolva a sua família. Participe de uma entidade beneficente.

2 - Seja socialmente responsável, em sua empresa e em sua casa

Tratar com carinho e valorizar as pessoas com as quais nos deparamos em nosso cotidiano, e que nos prestam auxílio em nossas necessidades, é uma ação 100% positiva.

As pessoas que trabalham para você devem alimentar-se bem, morar bem, viver bem e sentir-se respeitadas. A atitude positiva está em perceber que o outro é um ser humano como você e também merece tudo o que você deseja para si mesmo.

Seja gentil. Não custa nada e rende muito!

Não fure a fila; ceda o seu lugar para gestantes e idosos; ajude alguém necessitado a atravessar a rua; compre um sanduíche para alguém faminto e sem recursos; faça parte das campanhas de agasalho; não faça barulho após o horário permitido para não incomodar os vizinhos. Estes são pequenos gestos que podem fazer parte da nossa rotina. Inseri-los conscientemente em nosso dia a dia é uma ação positiva. Se você já faz tudo isso, parabéns! Continue assim e procure aprimorar-se.

Mas se você ainda não pratica essas atitudes, comece agora a fazê-lo. Sua vida vai mudar para melhor! Gentileza gera gentileza. Um simples ato gentil irá gerar muitos outros e fazer uma diferença positiva no mundo ao seu redor.

Reconheça a importância das pessoas do seu dia a dia.

Mais ainda: tenha e demonstre gratidão pelas pessoas que o ajudam diariamente. Seja atencioso com taxistas, garçons, vendedores, atendentes, caixas, auxiliares, recepcionistas, porteiros etc.

Devido à rotina, ignoramos muitas pessoas desconhecidas que fazem parte do nosso dia a dia. Tomamos um táxi e estamos no carro de um estranho, vamos a uma loja, banco ou a um restaurante e somos atendidos por funcionários que mal conhecemos.

Pergunto: você já olhou realmente para essas pessoas? Já disse alguma vez um sincero bom dia a elas? Ou mostra-se sempre impaciente, acreditando que está sendo atendido com má vontade? Já parou para pensar que ali à sua frente existe um ser humano como você, com anseios, receios, preocupações, dificuldades e sonhos?

Tratar com carinho e valorizar as pessoas com as quais nos deparamos em nosso cotidiano, e que nos prestam auxílio em nossas necessidades, é uma ação 100% positiva. E tal energia gerada por você criará um ciclo que, com certeza, refletirá na qualidade do atendimento que essas pessoas prestam. E quando você menos esperar, esse bom atendimento estará sendo oferecido a você.

Estamos todos interligados e somos, portanto, afetados pelos atos uns dos outros. Cidadania não é a qualidade do outro, mas um atributo de todos nós!

Ação positiva: demonstre interesse sincero pelas pessoas com quem você se relaciona, independentemente de quem elas sejam. Acostume-se a dar sempre um "bom dia" e a usar expressões do tipo "como vai?", "tudo bem?". Mas não aja de maneira mecânica. Ouça com atenção a resposta e interaja com as pessoas.

3 - Participe ativamente da vida de sua comunidade

Participe de ações comunitárias que visam causas sociais dignas. Acredite que você pode mudar o que tem que ser mudado.

A cidadania exige ações de cada cidadão. Temos que estar vigilantes e atentos para usar todas as oportunidades em benefício da nossa comunidade e do nosso país. Com um país mais justo e solidário, todos sairemos ganhando.

Vote de modo consciente

Somos responsáveis pelo nosso destino. Na hora de votar, exercemos o nosso direito e o nosso dever de participar dos rumos do Brasil. Não participar desse processo por causa de nossa decepção com os políticos corruptos não ajuda em coisa alguma. É preciso votar, eleger nossos representantes e depois cobrar deles tudo o que for melhor para o nosso povo e o nosso país.

Ações 100% positivas: informar-se, votar corretamente, acompanhar as gestões de prefeitos e outros governantes e monitorar atentamente o desempenho de nossos políticos.

Participar ativamente da vida política do nosso país é mais do que um direito: é um dever de todo aquele que ama o Brasil e quer o melhor para o nosso povo.

Use o poder da mídia a favor da sua comunidade

A mídia é muito poderosa e não deve ser usada somente para fins de entretenimento. Por meio desse instrumento podemos beneficiar muitas pessoas.

O papel da imprensa em um país democrático como o nosso é informar e ajudar em todas as ações que promovam a cidadania. Atualmente, a maior parte dos jornais, sites e revistas têm espaços voltados às questões sociais. Até as revistas focadas em celebridades têm esse espaço disponível. Utilize essas ferramentas para divulgar ações sociais e conscientizar a população.

Envie e-mails, contate outras pessoas por telefone, agite. Fale diretamente com os editores. Seja uma voz ativa. Utilizando a mídia podemos alcançar e mobilizar muito mais indivíduos.

Participe de ações comunitárias que visam causas sociais dignas. Acredite que você pode mudar o que precisa ser mudado. Seja atuante na sociedade.

Não permita abusos: denuncie e atue de maneira construtiva

Denuncie a violência contra mulheres, crianças e idosos, assim como atos contra a natureza e os animais. Denuncie quando for vítima ou testemunhar qualquer injustiça. Denuncie!

Use o disque denúncia, ou procure as regiões administrativas espalhadas pela cidade, o Ministério Público, as comissões de Defesa do Consumidor, de Direitos Humanos, de Saúde e de Meio Ambiente da Câmara Municipal e da Assembleia Legislativa, da Câmara Federal, do Senado, ou nas diversas secretarias municipais e estaduais.

Em casos especiais, em que haja risco de represália pessoal, utilize o mecanismo da denúncia anônima. Mas não se cale. Não compactue com aquilo que você considera que precisa ser mudado.

Ação positiva: não fique calado frente ao que está errado. Bote a boca no trombone e faça com que as autoridades saibam o que está acontecendo. Então, cobre delas as providências necessárias.

4 - Seja doador de sangue

Doar sangue é simples, rápido e seguro, além de ser um gesto que pode salvar vidas. Precisa de mais argumentos?

Mesmo com todo o avanço e as descobertas da ciência, ainda não se descobriu um substituto para o sangue humano.

Todos já vivenciamos uma situação em que nós mesmos, um parente ou amigo precisou recorrer a uma transfusão de sangue. Nessas circunstâncias, tivemos de contar com a solidariedade humana e também com o estoque do Banco de Sangue. Estoque esse que só pode ser reposto com a boa vontade dos doadores.

Doar sangue é simples, rápido e seguro, além de ser um gesto que pode salvar vidas. Precisa de mais argumentos?

Quem doa sangue, doa vida. Ao fazer a doação temos direito a um exame completo sobre o nosso sangue. Essa é, portanto, uma ação 100% positiva.

Não adie mais: integre tal ação à sua vida. Lembre-se de que o mundo dá voltas. Poderemos com esta atitude beneficiar hoje alguém que no futuro poderá salvar nossa própria vida.

5 - Adote

Adotar é aceitar, acolher, mas significa também assumir uma grande responsabilidade. É estender ao outro tudo o que recebemos de bom. Não se trata apenas de um ato de caridade, mas de amor, e enriquece muito a nossa vida.

Adote um aluno carente

Dê a outro ser humano a chance de ter uma vida promissora, de cursar uma universidade, de se formar com dignidade e tomar o rumo certo na vida.

Adote um aprendiz para um trabalho

Contribua para a formação e o crescimento de um novo profissional. Ofereça-lhe sua experiência e apoio, para que possa galgar os degraus que o levarão a tornar-se um profissional digno e responsável.

Adote uma instituição social

De algum modo, todos temos condições de contribuir com alguma entidade que vise o bem-estar social. Adotar uma instituição desse tipo não significa apenas participar ativamente dos propósitos por elas estabelecidos, mas também chamar para nós mesmos a responsabilidade de apoiar a construção de uma sociedade melhor para todos.

Esteja sempre aberto e disposto a fazer algo mais pelas pessoas com quem você compartilha o mundo.

Adote um time da sua comunidade

No esporte, assim como em outras áreas, uma criança carente pode se destacar independentemente de sua cor, religião ou condição social.

O esporte é, portanto, uma excelente ferramenta de inclusão. Trata-se, sem dúvida, de um poderoso instrumento para a retirada das crianças carentes das ruas, garantindo a elas um futuro melhor. A prática esportiva desenvolve ainda o espírito de união e a competição saudável.

Crianças que participam da prática esportiva são mais motivadas, disciplinadas e têm seu poder de concentração nas salas de aula desenvolvido. Durante a prática esportiva, muitos valores podem ser transmitidos. É um momento em que a criança carente está aberta para receber este tipo de informação.

A ação positiva que podemos implementar neste caso é a busca por escolas públicas e voluntários técnicos no setor esportivo, a promoção de encontros para o desenvolvimento de ideias ou mesmo o incentivo a academias e clubes para que estes instituam uma semana de atividades esportivas em caráter voluntário. Trata-se, sem dúvida, de uma ação bastante específica, mas que vale por muitas!

Incentive a prática de esportes. Essa é apenas uma das maneiras de cuidarmos do nosso planeta.

Adote uma criança

Você pode adotar uma criança em uma ONG, oferecendo-se para pagar uma cota mensal e ajudando na arrecadação de recursos que contribuam para a sua educação. A criança continuará sob os cuidados da ONG, mas a sua doação irá melhorar a qualidade dos serviços prestados. Se possível, doe também um pouco de seu tempo e participe de atividades promovidas pela instituição, durante as quais poderá ter contato com todas as crianças.

Você pode ainda efetivamente adotar uma criança. Assim, terá a oportunidade de contribuir e realmente ajudar pelo menos uma, entre as muitas que estão na fila de espera aguardando pela eventual adoção.

Não importa se a atitude tomada for grande ou pequena, o mais importante é começar! O que vale mesmo é investir na educação e na felicidade das crianças do nosso país, que por motivos diversos, não têm condições ideais para viver, estudar e crescer.

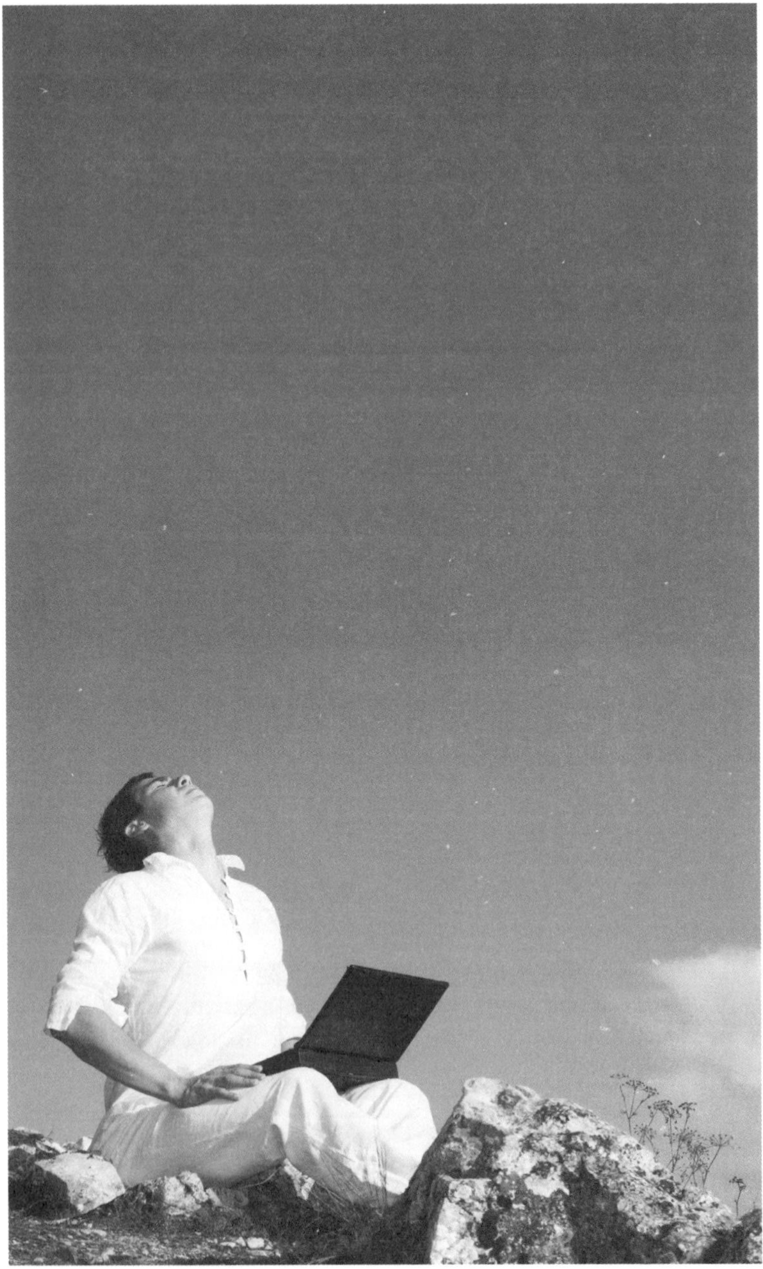

VII
EVOLUA SEMPRE

"Felizes os que promovem a paz, porque serão chamados filhos de Deus".

Jesus Cristo

A educação é um pilar fundamental para o sucesso pessoal e coletivo. Quanto mais informações de qualidade uma pessoa recebe, mais percepção ela adquire para formar suas opiniões e deixar de ser uma marionete da comunicação em massa.

Nosso país tem evoluído de maneira positiva, mesmo que ainda em um ritmo não ideal para disponibilizar o bem que a educação representa a todos os cidadãos.

Em termos pessoais, a educação é um investimento que sempre vale a pena. Munidos de mais cultura, nossa autoestima se eleva e nosso discernimento aumenta. Com mais sabedoria podemos utilizar de mais ferramentas para sermos ainda mais positivos.

O Brasil é um país de DNA criativo. Nossa literatura é riquíssima, nossa música é uma das melhores do mundo e, atualmente, exportamos artistas para a maioria dos continentes. Talentos naturais afloram em toda a parte. Nossas festas populares possuem uma riqueza cultural recheada de simbolismos e história.

A educação e a cultura sempre abrem espaço para ações positivas. Ampliar nosso universo é uma atitude fácil e acessível, principalmente quando moramos nas grandes cidades.

Ação positiva: insira atividades culturais em sua agenda. Elas são divertidas e relaxantes, e certamente ampliarão seus horizontes em todas as áreas de sua vida.

1 - Tenha um bom mentor

Um bom conselheiro sempre exercerá um papel fundamental em sua vida, principalmente naqueles momentos decisivos em que apenas a sua experiência não for capaz de gerar os elementos necessários para a próxima empreitada.

Um bom conselheiro é alguém a quem você respeita e admira. Pode ser um amigo, um professor, um orientador ou um chefe de família. O que importa é que, estando ao seu lado, você esteja seguro e à vontade para lhe pedir ajuda e orientação sempre que precisar.

Essa pessoa é alguém especial. Surgirá em seu caminho e o ajudará a tomar decisões positivas em sua vida. Portanto, mesmo não sabendo o que encontrará pela frente, com o apoio desse indivíduo, você terá coragem para ir adiante.

Um bom mentor sempre exercerá um papel fundamental em sua vida, principalmente naqueles momentos decisivos em que apenas a sua experiência não for capaz de gerar os elementos necessários para a próxima empreitada.

Ação positiva: encontre um mentor para ajudá-lo a implementar em sua vida as mudanças que você tanto deseja e das quais tanto precisa.

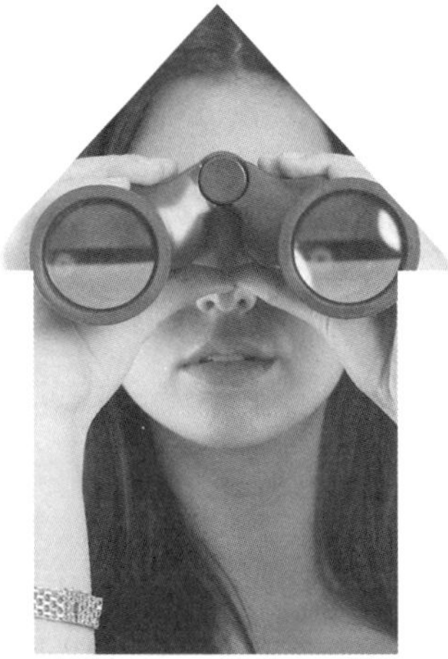

2 - Amplie seus horizontes

Agora pare de se lamentar e resgate a sua própria vida. Tome a decisão de agir de maneira diferente e enxergar mais longe.

Um amigo sempre costuma dizer: "Lembre-se de que água parada, apodrece!" E essa é a mais pura verdade.

Do mesmo modo, se pararmos no tempo e não nos preocuparmos em evoluir, não apenas estagnaremos como também regrediremos. Tudo atualmente evolui em tamanha velocidade que "parar" se torna sinônimo de "andar para trás".

Ação positiva: participe de atividades que ampliem sempre seus horizontes.

Volte a estudar

Vejamos: você já terminou a faculdade, mas gostaria de fazer um mestrado. Talvez tenha abandonado a faculdade antes de se formar, pois precisava começar a trabalhar. É possível que nem tenha iniciado um curso superior pelos mais diversos motivos e carregue até hoje esse desconforto.

Pare imediatamente de se lamentar e resgate a sua vida. Tome a decisão de agir de modo diferente. Não pense que é impossível voltar a estudar, pois se é isso o que você quer, então você pode fazê-lo.

Simplesmente diga: quero voltar a estudar. Então comece a fazer a sua mente procurar uma solução. Ache um caminho viável e vá em frente. Permita-se realizar seus sonhos e viver a sua vida. Não use as dificuldades de seu cotidiano ou as pessoas que dependem de você como desculpas.

Não adie mais aquele curso que você adoraria fazer. Você não precisa mais utilizar a célebre frase: "Quando eu tiver tempo... (disponibilidade, dinheiro etc.)"

Sempre arranjamos tempo e dinheiro para as nossas prioridades. Faça um plano de metas, economize em pequenos detalhes, reformule sua vida e reserve algum tempo para finalmente fazer aquele curso que tanto deseja.

Investir na sua formação é uma ação 100% positiva. Seja o ator principal da sua vida e não apenas o coadjuvante. Essa decisão é sua e somente você é capaz de mudar sua vida. O livre-arbítrio é o maior presente que recebemos do Universo. Use-o bem!

Mas preste atenção: não estude apenas por estudar. Seja sempre muito interessado.

Abra a sua mente: vá a teatros e shows, visite exposições e leia bons livros

Tentar entender novas formas de expressão alimenta nossa mente e nosso espírito. Se você já costuma ir a teatros, shows e exposições, aproveite e leve também os amigos e familiares. Divulgar a arte e a cultura é uma ação muito positiva.

Periodicamente acontecem exposições como a Bienal do livro ou mostras de acervos de artistas famosos como Rodin[2] ou Monet[3]. A arte é uma emoção democrática, e, portanto, não é exclusiva da elite. Visitar um museu ampliará seus horizontes.

Leia bons livros

Ler um bom livro é sempre uma ação 100% positiva. É impressionante a riqueza cultural que é produzida diariamente em todo o mundo na forma de livros.

Mesmo que você não goste de ler, adquira esse hábito. Por meio da leitura você poderá acelerar seu aprendizado e dar grandes e importantes passos rumo ao progresso pessoal e profissional.

Por intermédio dos autores, e de suas obras, podemos vivenciar diversas situações sem que tenhamos que enfrentá-las na vida real. É claro que não existe nada comparável à

2. Auguste Rodin, famoso escultor francês do século XIX. (N.E.)
3. Claude Monet, famoso pintor impressionista francês do século XIX. (N.E.)

experiência pessoal, mas por meio dos livros podemos visitar o Egito, participar da Revolução Francesa e entender as grandes invenções da humanidade.

O livro é, sem dúvida, um dos maiores amigos do homem. E para que possamos fazer nosso marketing positivo, recomendo a leitura de livros nacionais, em especial os escritos por Machado de Assis, escritor negro e mundialmente reconhecido como um dos gênios da literatura universal.

O Brasil não é apenas um país lindo, que possui uma natureza riquíssima e abundante. Seu povo é também o mais generoso e livre de preconceitos do mundo. Além disso, por meio de suas mentes brilhantes, produz e disponibiliza cultura para todo o mundo.

Desenvolva uma habilidade artística

Todos somos artistas! Esta afirmação é uma grande verdade.

A arte tem também fins terapêuticos. É indiscutível o poder que desenvolvemos quando, sem pretensão, escrevemos uma poesia, pintamos um quadro, ou fazemos um jantar com receitas criadas por nós.

Toda vez que criamos algo lúdico ativamos o hemisfério direito do cérebro, que, devido à nossa rotina diária, costuma ser pouco usado. Desenvolvendo o hemisfério direito, ajudamos também no desempenho do esquerdo, que é responsável pelo raciocínio lógico e pela razão. Isso torna mais fácil o nosso aprendizado e a absorção de novos conhecimentos. Além disso, com o uso do hemisfério direito nos tornamos mais flexíveis e autoconfiantes.

Se você admira quem pinta, quem escreve, quem toca um instrumento, então não adie mais. Você também pode fazê-lo! Inicie imediatamente, pois este é o momento. Pode ter certeza de que o tempo investido na arte será revertido positivamente em todos os demais aspectos de sua vida.

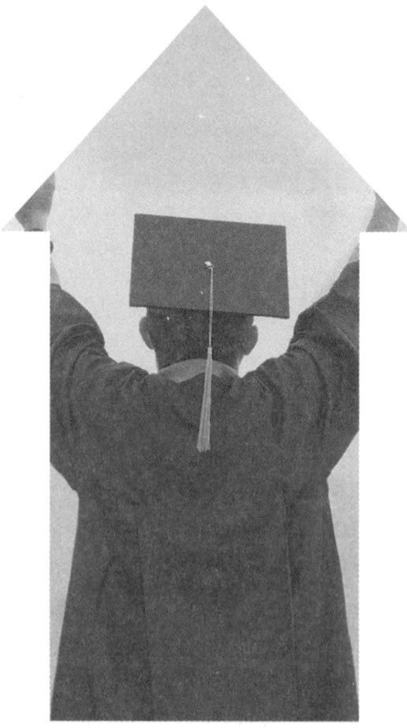

3 - Aprenda a celebrar cada pequena vitória

Valorizando cada pequena vitória, você estará também se habituando a enfrentar cada uma das etapas que virão a seguir, com confiança e determinação.

A vida é uma sucessão de etapas, e cada uma delas serve como um degrau para a próxima. Então, comemore cada etapa vencida. Conscientize-se da sua vitória e celebre-a.

As pessoas, normalmente, vinculam a felicidade a coisas que ainda pretendem conseguir, e constantemente adiam o pleno desfrute de sua vida. Então, a vida passa e a felicidade nunca chega. Muitas vezes os indivíduos são bem-sucedidos em atingir suas metas, mas não comemoram o fato, e a felicidade acaba não fazendo parte de seus sucessos, ficando sempre reservada para outros objetivos mais adiante no futuro.

Valorizando cada pequena vitória, você estará também se habituando a partir para o tudo ou nada quando necessário; isto é, você estará se preparando para enfrentar cada uma das etapas que virão a seguir, com confiança e determinação.

Ação positiva: comemore suas vitórias. A vida fica mais interessante e você renova suas forças para encarar novos desafios.

4 - Faça amigos interessantes. Conheça novas pessoas

É muito importante cultivar amigos que possam acrescentar algo à nossa vida.

Muitas vezes saímos com os amigos e, quando voltamos para casa, percebemos que a conversa girou em torno da vida de outras pessoas. Nada se aprendeu de novo, e o tempo foi desperdiçado em fofocas ou conversas vazias.

Conversas vazias até podem fazer parte dos nossos momentos de relaxamento. Mas é importante que cultivemos também amigos que possam acrescentar algo à nossa vida.

Em uma simples conversa com um motorista de táxi, você pode adquirir cultura e conhecimento, se souber ouvi-lo. Ele pode ter vindo de uma cidade da qual você nunca ouviu falar e lhe apresentar muitas curiosidades sobre o lugar.

Use sempre o tempo a seu favor. Escolha entre os seus amigos a companhia daqueles que podem acrescentar-lhe algo novo. Saia do hábito das conversas vazias sobre a vida alheia ou do que passa na TV. Não há nada de errado com isso, mas vá além. Ouça, aprenda e também seja um formador de opinião. Com certeza, existe algum assunto que você domine bem e pode ensinar aos outros.

Para completar, conheça pessoas e faça amigos interessantes. Amplie as suas fontes de referência e abra o seu leque de possíveis aprendizados.

Participe de comunidades virtuais sérias e responsáveis

Cada vez mais a inclusão digital se amplia no Brasil. E isso é uma excelente notícia.

A *web* democratizou mais ainda o acesso à educação e à cultura em todo o mundo. Muitas pessoas produzem conteúdos úteis e interessantes e os disponibilizam gratuitamente.

Pesquise os assuntos sobre os quais você gostaria de saber; envolva-se em comunidades virtuais afins; faça amigos que gostem desses assuntos; seja também um agente fornecedor de conteúdo para o bem comum.

Cinema, artes plásticas, medicina alternativa, literatura, todos esses assuntos estão disponíveis. Se você costuma usar o computador somente para o trabalho, comece a explorar também o universo virtual que está à sua disposição. Usado com sabedoria, esse é um grande aliado para a sua evolução pessoal e o seu sucesso.

Não podemos, contudo, esquecer a nossa responsabilidade frente a um instrumento tão poderoso. Sabemos que na web existe também muita informação e conteúdo ruim e inadequado. Nossa obrigação é sermos também agentes combativos na luta pela exclusão desse material. Devemos denunciar às autoridades os sites com conteúdo impróprio para o desenvolvimento sadio e a segurança de nossa sociedade.

Viaje para lugares surpreendentes e amplie seus horizontes

Você não tem amigos que economizam o ano inteiro e investem em viagens? É uma experiência riquíssima como meio de ampliar a cultura e a educação, viajar e conhecer diferentes tradições, culturas, costumes e hábitos.

Não estou falando daquelas viagens em que você passa o tempo todo dentro de um shopping center, mas sim daquelas em que você experimenta a comida local, observa os costumes do povo, aprende sobre diferentes estilos de vida, quebra preconceitos, visita museus e galerias de arte, e se torna um cidadão do mundo. Viajar com a mente aberta para expandir os nossos conhecimentos é uma ação muito positiva.

Todos os povos e culturas têm sua sabedoria peculiar. Abrindo nossa mente, podemos ver, aprender e valorizar estilos e modos de vida totalmente diferentes daquele ao qual estamos acostumados.

Se o seu orçamento é apertado, ainda assim você pode viajar dentro do nosso país. Vá de carro e, depois de apenas algumas horas, você encontrará um mundo totalmente diferente do que está acostumado a vivenciar. A riqueza cultural do nosso país é imensa. Viaje, explore, conheça!

5 - Aprimore seu modo de se relacionar

Para cultivar bons relacionamentos é importante cuidar da comunicação, aprender a escutar, tornar-se compreensivo, ser tolerante e desenvolver a confiança.

Uma das ações que considero mais positivas é procurar aprimorar os relacionamentos. Muitos males poderiam ser evitados e muitas coisas boas poderiam ser construídas se os homens investissem um pouquinho mais de tempo para aprender a se relacionar. Gostaria de listar aqui algumas ações que levam a esse aprimoramento:

• Cuide da comunicação. Aprenda a expressar seus sentimentos, projetos, ideias e intenções.

• Aprenda a escutar. Escute mais do que costuma falar, pois quem fala muito pode até ensinar, mas raramente aprende. Seja humilde para ouvir e aprender com os outros.

• Torne-se compreensivo. Sempre que estiver num impasse com alguém, coloque-se no lugar dele ou dela e observe a situação por outro ângulo.

• Seja tolerante. Sempre que perceber que a atitude e o comportamento da outra pessoa são honestos, não seja intransigente.

• Desenvolva a confiança. Evite o desentendimento. Um relacionamento sem confiança mútua não leva a lugar algum, e não tem futuro.

VIVA UMA VIDA QUE MEREÇA SER LEMBRADA

"Se você não quiser ser esquecido quando morrer, escreva coisas que valham a pena ser lidas ou faça coisas que valham a pena ser escritas."

Benjamin Franklin

Nossa vida é feita de pequenas ações, dia após dia, momento após momento. Isso significa que se mantivermos sempre em mente o compromisso de realizar ações positivas, viveremos uma vida plenamente construtiva. Esta será a grande realização de nossa existência, além de uma belíssima e poderosa maneira de desempenharmos nossa missão neste planeta.

Sendo ainda mais claro, acredito que a mais poderosa e definitiva dentre todas as ações positivas seja "viver uma vida que mereça ser lembrada".

Como fazer isso? Ancorando-a em valores verdadeiros e universais: a humanidade, a fraternidade, o respeito, o amor e a caridade.

Gostaria de compartilhar aqui como isso tem sido para mim. A partir de agora contarei um pouco da minha história e dos valores que permeiam todos os meus pensamentos e ações. Meu intuito não é falar de mim mesmo, mas oferecer-lhe uma visão mais concreta sobre tudo o que está descrito neste livro. Quero, na medida do possível, dar-lhe ainda mais garantias de que viver positivamente gera benefícios para todos – inclusive, e principalmente, para você mesmo.

Quando pensei em escrever este trabalho, ficou clara para mim a necessidade de demonstrar para as pessoas a importância não apenas do pensamento positivo, mas da ação positiva.

Em minha vida, o pensamento sempre foi uma consequência da ação. A construção do meu modo positivo de pensar sempre se baseou em ações positivas.

Sempre admirei nas pessoas o hábito da leitura. É por isso que sempre quis escrever um livro e expor meus pensamentos e ideias. Queria compartilhar os modelos e propostas que defendo hoje em minha vida com o maior número possível de pessoas. Aliás, é exatamente isso o que faço diariamente: procuro demonstrar para as pessoas as ideias e atitudes que deram certo para mim.

Costuma-se dizer que todo aquele que ensina acaba aprendendo mais do que aqueles que estão sendo ensinados. Portanto, quanto mais procuro mostrar para as pessoas a importância e os resultados das ações positivas, mais essas ações se consolidam em minha vida, e mais aprendo sobre elas.

É claro que sempre o mais difícil é manter o controle sobre nossos pensamentos. Por isso, na minha experiência de vida, tenho aprendido a observar muito e agir cada vez mais, em vez de apenas pensar. Treinei a mim mesmo para implementar ações positivas e, desse modo, me preparei para ser tudo o que sempre sonhei.

Não sou diferente de ninguém. Sou exatamente como a maioria das pessoas – como você. Tenho minha história, vivi e continuo vivendo minhas próprias dificuldades. A cada dia supero minhas limitações e aprendo com elas. Então, assim como eu aprendi a viver positivamente, tenho certeza de que você também poderá fazê-lo, e, assim, obter da vida muito mais do que jamais imaginou ser possível.

Nasci de pais imigrantes e, em minha infância, a figura de minha mãe foi mais presente do que a de meu pai, que viajava muito a trabalho. Caçula de cinco filhos, tive uma educação rigorosa.

Foi uma infância sem luxos, na qual os divertimentos em família eram simples, como: ir à praia; lavar o carro do meu pai com meu irmão; visitar o zoológico; ir ao mercadinho buscar a mistura para o almoço ou jantar etc. Tudo era bastante limitado e dependia do pouco dinheiro que havia em casa.

Aparar a grama e retirar o mato do quintal, ao lado do meu irmão e do meu pai, era a diversão nos finais de semana. Lembro também de gostar de jogar bola, de empinar pipa e "jogar taco" (um jogo que consistia em derrubar a latinha do adversário com uma bola de tênis e defender a própria com um taco).

Lembro de minha mãe sempre cuidando de todos nós, trabalhando em nossa loja, querendo sempre que estudássemos música, datilografia, inglês etc. O sonho dela era nos ver estudando nas melhores universidades.

Meu pai sempre trabalhou longe de casa, mas, quando não estava trabalhando, sempre o víamos estudando. Dele herdei um enorme desejo de realização, assim como os fortes valores morais e o desejo de ser um visionário. Estas são as marcas que ficaram da minha infância. Apesar da presença constante de minha mãe, meu pai teve enorme influência em minha formação.

Passei a juventude trabalhando, consertando e pintando Mobiletes, vendendo biscoitos e doces nas filas da balsa Guarujá-Bertioga, fazendo pranchas de surf, confeccionando roupas e muitas outras coisas. Foi uma juventude repleta de adrenalina.

Meu pai, dono de um gênio forte e de uma atitude visionária, e minha mãe, sempre preocupada com o futuro, ensinaram-me coisas que tenho carregado por toda a minha vida. Gostaria de compartilhar algumas delas com vocês. Tenho certeza de que muitos desses ensinamentos já fazem parte também de suas vidas.

Gostaria, portanto, de aproveitar a oportunidade para deixar registrado o modo como penso sobre alguns assuntos importantes e delicados do nosso dia a dia, para que, desse modo, você também possa pensar e se posicionar em relação a eles.

Valores

Acredito que a maior parte de toda a educação à qual tive acesso não me foi apresentada na escola, nem nas ruas, mas pela chance de testemunhar as dificuldades enfrentadas por meus pais, de ter acesso a seus valores fortes, que até hoje servem de base para meu modo de pensar e trabalhar, fazendo-me participar ativa e eternamente dessa busca por realização, paz e felicidade, inerente ao ser humano.

Com meu pai, aprendi a jamais deixar qualquer coisa para depois, ou seja, a fazer imediatamente o que precisa ser feito. Sempre que algo exige a minha intervenção, gosto de resolver a situação de imediato. Tal postura é responsável por muitas de minhas conquistas.

Minha mãe, em contrapartida, ensinou-me a ajudar e a respeitar o próximo, a tomar a iniciativa de estender a mão a quem precisa, a respeitar os mais velhos, e a perceber que minha presença pode realmente tornar a vida dos outros um pouco melhor.

Pessoas melhores ou piores

Não existem pessoas mais ou menos trabalhadoras, humanas, desumanas, positivas, éticas ou ativas.

Entender o ser humano foi uma lição que aprendi nos anos em que trabalhei para a polícia, época em que conheci a periferia de São Paulo. Esta experiência ensinou-me a ser mais humilde e compreensivo.

Ser policial fez com que eu desenvolvesse rapidamente minha capacidade de entender como as pessoas pensam, compreendesse as coisas ao meu redor, as reações do ser humano, e tentasse agir com elas da maneira como gostaria que agissem comigo.

O ser humano

Vivemos em um mundo que se transforma rapidamente, em que novos padrões e valores surgem o tempo todo. A nova geração, em especial, tem experimentado as mais diversas mudanças físicas, econômicas, tecnológicas e psicológicas.

Lembro-me de minha infância, quando telefones celulares e aeronaves capazes de realizar voos espaciais eram pura ficção. Hoje isso tudo já é realidade.

Os padrões sociais estão cada vez mais diferentes, desde os avanços na medicina até o modo como encaramos a sexualidade. O mundo, assim como seus valores, têm mudado a uma velocidade surpreendente.

Será que existe uma forma exata e um sistema perfeito para a sociedade humana? Como nossas diferentes características e culturas influenciam em nossa felicidade? Aliás, a felicidade está ao nosso alcance?

No mundo capitalista, e até mesmo nas sociedades mais ricas, não se consegue vislumbrar a alegria e a felicidade que existem no Brasil. Somos um país de gente feliz.

Então, pergunto: existe um modelo certo para o ser humano? Existe a educação certa, o currículo certo, as condições certas? O que é o melhor para a natureza humana?

A corrupção dentro da natureza humana

Assim como as drogas, a corrupção faz com que o homem sofra de um dos piores cânceres da sociedade. O equilíbrio do homem tem sido abalado pela corrupção, em todos os sentidos. O abuso do poder, da bebida alcoólica, do uso de psicotrópicos, das fantasias sexuais. Tudo isso corrompe a alma humana e deixa sequelas difíceis de serem apagadas.

A corrupção não pode servir como válvula de escape ou desculpa para a sociedade. No mundo todo, e em todas as áreas, existem perigosos níveis de corrupção que têm destruído a sociedade. A harmonia entre os homens está sendo afetada pelo crescimento mundial desse mal.

Falar e acreditar

É preciso fortalecer seus pensamentos e sua posição em relação a tudo o que lhe diz respeito. E a primeira coisa a fazer é dizer exatamente o que você pensa, mesmo que esta seja uma ação difícil. É preciso falar em voz alta, apresentar suas ideias, pois isso sempre fortalece suas ações na busca de resultados.

Hoje tenho o hábito de compartilhar minhas ideias. Gosto de acreditar nelas e fortalecê-las. Gosto de expô-las, discuti-las e, se for o caso, até mesmo de abrir mão delas. Afinal, jamais mudar de opinião é algo muito triste, pois o mundo muda tão rápido que novas experiências e conhecimentos surgem a cada dia, alterando nossos referenciais.

Em meio a todas essas mudanças, o que devemos preservar sempre são os nossos valores verdadeiros, como a honestidade, o cavalheirismo, o trabalho e a humildade. Em uma sociedade em que os valores e os padrões éticos estão perdendo importância, no qual o individualismo cresce a olhos nus e a família enfraquece, necessitamos, acima de tudo, acreditar nos bons conceitos que aprendemos a cultivar. E precisamos continuar a acreditar e a falar sobre eles sempre que tivermos uma oportunidade. Assim, mais e mais pessoas terão a chance de ter contato com eles e a torná-los um referencial para suas vidas.

O maior bem do ser humano

A maior riqueza do ser humano está em seus conhecimentos. Costumo dizer que "estou" deputado federal, mas que amanhã posso não estar. Mas o meu conhecimento e as experiências que adquiri neste mandato serão meus para sempre.

Afinal, a maior aquisição do ser humano é o aprendizado. O dia em que não mudei uma opinião envelhecida, ou que não arrisquei pensar de maneira diferente ou não fiz uma nova opção, foi uma ocasião em que não fortaleci minha alma, em que nada aprendi. Foi um dia desperdiçado.

O medo do futuro

Nasci com o estigma de ter medo do futuro. Em minha infância, lembro-me de testemunhar a escassez de dinheiro em casa, as mudanças de emprego do meu pai, as crises pelas quais minha família passava.

Passei a viver pensando somente no futuro, e não conseguia pensar no presente. Mas planejar nunca foi meu forte. Então, em vez de programar algo para o futuro, limitava-me a demonstrar preocupação em relação a ele. E quando nos preocupamos demais com o futuro, deixamos de agir no presente.

Hoje sei o que é melhor e penso e ajo no presente, pois sei que essa é a melhor maneira de alcançar meus sonhos no futuro.

Autoconhecimento

Passei uma fase da minha vida lendo livros e fazendo cursos nas áreas de autoconhecimento e regressão, participando de terapias, desenvolvendo grupos de estudos etc. Tudo isso me ajudou a conhecer melhor a mim mesmo, mas, principalmente, a entender as outras pessoas.

Aprendi que todas as nossas respostas estão dentro de nós. Tudo em que acreditamos está em nosso interior – seja essa crença baseada em algo real que vivenciamos, ou em algo que criamos mentalmente.

Por isso, com esse poder de criar pensamentos positivos em nossa mente, temos à nossa disposição algo que nos permite assumir um excelente controle sobre nossa qualidade de vida e sobre nossa busca pessoal pela felicidade.

O melhor do Brasil

Quando viajo, principalmente para países europeus e asiáticos, a curiosidade daqueles povos a respeito do nosso país é imensa. Fazem diversas perguntas sobre carnaval, futebol, Amazônia, pré-sal, culinária, entre outros. Depois de fazer uma descrição das maravilhas do nosso país, sempre aguardo pela pergunta que faltava: o que há de melhor no Brasil? Sem vacilar, respondo: o brasileiro.

Lembro-me de estar no Japão em um jantar em Tókio em que um dos assuntos abordados foi a diminuição da população japonesa. Apesar de a imigração chinesa e coreana existir há mais de cinco séculos, os filhos desses imigrantes ainda não são considerados japoneses.

Neste sentido, o aumento de estrangeiros no país, dentre os quais os brasileiros, que já somam mais de 300 mil indivíduos, representando a terceira maior comunidade estrangeira no Japão, leva o país a enfrentar um grande dilema: entender e conviver com etnias e culturas diferentes. Na província de Aichi, o governo local criou um grupo de trabalho para enfrentar esse desafio.

O que, para o governo japonês, é um desafio, para nós brasileiros é a síntese do nosso povo. Somos caboclos, índios, portugueses, holandeses, espanhóis, italianos, alemães, japoneses, enfim, um povo multirracial e multicultural.

Árabes e judeus convivem em paz. Chineses se casam com coreanos, e coreanos se unem a japoneses. A nossa pizza é a melhor do mundo e a nossa Bossa Nova influencia músicos de toda parte. A capacidade natural que temos para enfrentar as diversidades é algo que faz parte de nossa educação, sociedade e natureza.

O mundo cresce numa velocidade jamais vista. A logística já cobre todo o planeta, o transporte já alcança lugares antes considerados inalcançáveis, a transmissão de dados é imediata, por meio da internet nossos pensamentos são discutidos e influenciam simultaneamente todo o planeta.

Concluímos, então, que os países, ou melhor, os seres humanos que não souberem respeitar e conviver com valores e culturas diversas terão dificuldades de sobrevivência. Por isso, acredito que nós, brasileiros, somos o povo do futuro.

O ser humano, em sua essência, busca a felicidade – por meio do amor, da profissão, do sucesso financeiro e de muitas outras coisas. Mas muitos não sabem o que os satisfaz. Esses são os que vivem eternamente insatisfeitos, sem saber se encontrarão paz de espírito algum dia. Nós, brasileiros, vivemos a felicidade diariamente. Conseguimos senti-la nas pequenas coisas, assim como nas grandes. Somos mestres em encontrar a felicidade!

Uma frase que já ouvi inúmeras vezes: no Brasil, se há carnaval e futebol, tudo está resolvido! Pode ser até que muitos a digam de maneira irônica. Mas eu a vejo positivamente. Que bom que o carnaval e o futebol nos deixam felizes, enquanto vemos países nos quais praticamente inexistem problemas sociais, a distribuição de renda é excelente, o nível de desemprego é baixíssimo, a segurança pública é ótima, a saúde e a educação são de primeira linha, mas onde simplesmente não se encontra a felicidade. Ao mesmo tempo, estes lugares ostentam altíssimos índices de suicídios, doenças modernas como a depressão e a síndrome do pânico. Olhando para o cotidiano dessas sociedades, pergunto: será que eles algum dia já souberam o que é felicidade? E vou ainda mais fundo: existe algo de errado em ser feliz com as praias, o chope, o futebol e o carnaval?

Há alguma coisa errada em estamparmos em nosso rosto a felicidade pelas vitórias da nossa seleção canarinho, ou devido aos feriados prolongados, ou simplesmente por passar o dia curtindo a família?

Desenvolvimento, empregos, alta taxa de crescimento, busca pelo conhecimento infinito – a eterna competição. Será esse o caminho da felicidade para a humanidade? Então, porque esses povos têm tanta dificuldade em alcançá-la?

Não estou dizendo que devemos ser incompetentes, acomodados, preguiçosos ou mal instruídos. Mas se formos felizes, trilharemos com mais facilidade e qualidade superior qualquer caminho que surgir à nossa frente.

Apesar das dificuldades, do desemprego, do péssimo transporte público, da falta de vagas nas creches, da desigualdade social, da insegurança, nós brasileiros sabemos ser um povo feliz.

As nossas praias, o churrasco com a família e a simples conversa no boteco, nos deixam alegres. Apesar de todas as dificuldades, temos o dom de encontrar a felicidade. Nós a encontramos nas pequenas coisas da vida.

Então, o que há de melhor no Brasil? Os brasileiros, é claro!

Concluindo

E então? Você está pronto para agir de modo positivo? Então, deixe-me lembrá-lo: a mais forte e definitiva de todas as ações positivas é "viver uma vida que mereça ser lembrada".

AÇÃO, AÇÃO, AÇÃO!

"A ação é realização! A eficácia do pensamento só se realiza com a ação. Pensamentos positivos nos enchem de sonhos, mas as ações positivas os transformam em realidade."

William Woo

Agir positivamente é, antes de tudo, fazer tudo o que for possível à nossa volta, e enfrentar os desafios diários com coragem.

Quando estamos confiantes e otimistas, irradiamos uma energia poderosa e contagiante. Passamos a ser como um ímã que atrai mais energia positiva. As pessoas gostam de estar à nossa volta e nos tornamos ainda mais belos.

O objetivo deste livro é compartilhar meu aprendizado e ajudar você em sua busca pela realização pessoal, profissional e social. Esta jornada começa com uma decisão positiva: a de mudar sua vida para melhor. E, depois, agir e pensar positivamente ou, se preferir, pensar e agir de maneira construtiva.

Quando nos sentimos positivos sempre encontramos soluções para as situações mais difíceis. Estabelecemos objetivos e metas na vida e somos guiados e motivados por valores construtivos.

O fato de agirmos e pensarmos de modo construtivo não muda a vida à nossa volta, mas altera nossa visão sobre ela. E isso faz toda a diferença.

Quando agimos de modo positivo, mesmo se fracassarmos por algum motivo, não ficamos presos à derrota. Usamos o aprendizado como experiência para a nossa próxima vitória.

Olhar o outro com bons olhos, assim como pensar e agir positivamente, abre muitas portas em nossa vida. Viver a vida com alegria e otimismo é, portanto, a grande sabedoria.

Você agora dispõe de muitas sugestões para agir e pensar de maneira positiva. Mas todas essas informações só lhe serão válidas se você assumir um compromisso com a sua felicidade e a sua realização.

A cada ação positiva, sugerida nestas páginas, que você adotar resultará uma vida com mais qualidade. A cada nova leitura deste livro seu pensamento positivo aumentará.

Ação positiva já!

Você é o maior responsável por fazer com que sua vida valha a pena.

Aja positivamente para realizar suas metas e tornar sua vida mais feliz. Você merece!

Contatos do autor
williamwoo@editoragente.com.br
www.williamwoo.com.br
www.100porcentopositivo.com.br

Este livro foi impresso pela Arvato do Brasil Gráfica
em papel *offset* 90 g.